I0754063

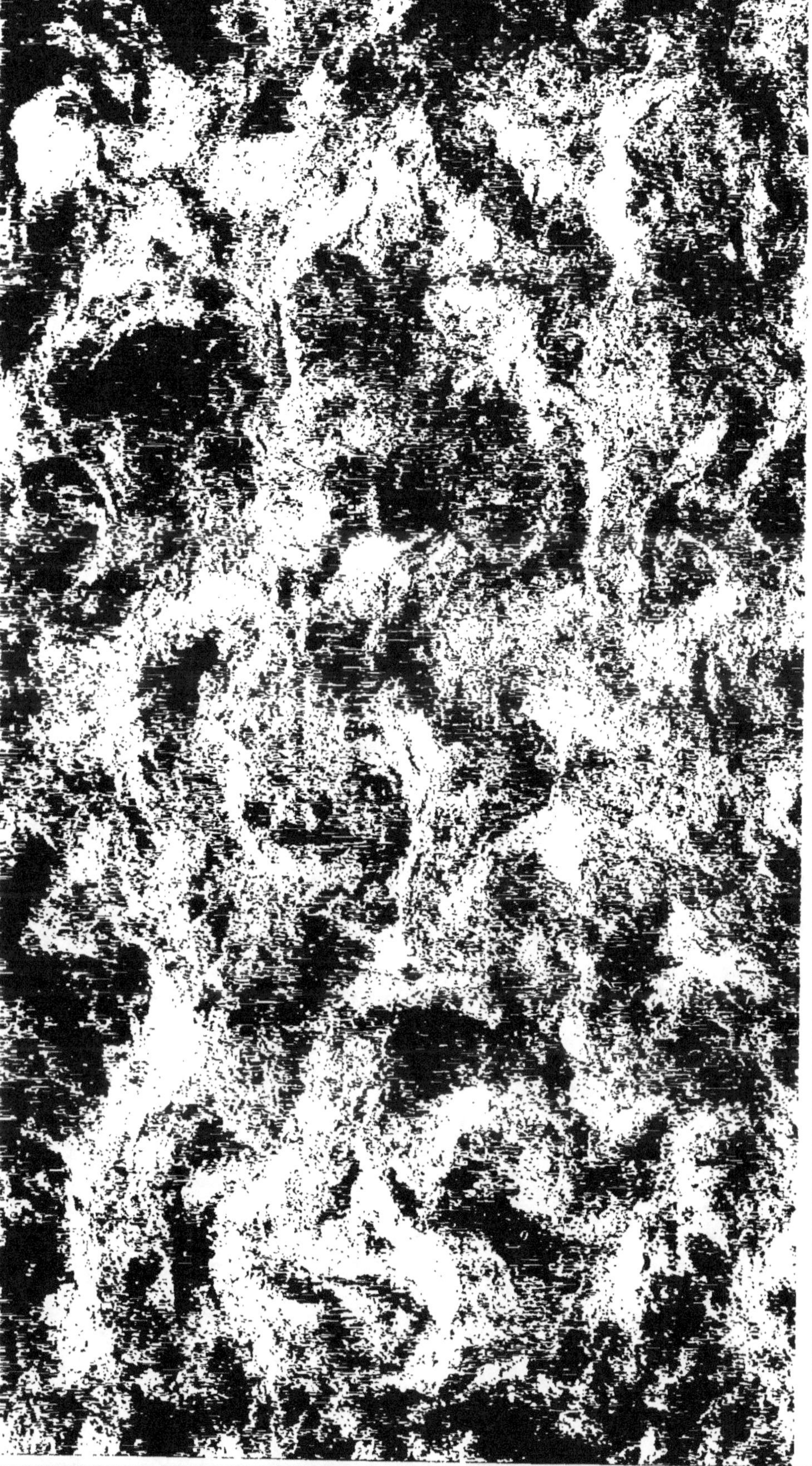

A. FERRET 1980

A.-J. DALSÈME

LE SIÈGE DE BITCHE

6 Août 1870. — 27 Mars 1871

OUVRAGE ADOPTÉ PAR LE MINISTÈRE DE L'INSTRUCTION PUBLIQUE ET PAR LA VILLE DE PARIS

Douzième édition

PARIS
E. DENTU, ÉDITEUR
Libraire de la Société des Gens de Lettres
PALAIS-ROYAL, 15-17-19, GALERIE D'ORLÉANS

LE

SIÈGE DE BITCHE

OUVRAGES DU MÊME AUTEUR

PARIS PENDANT LE SIÈGE (5e édition) 1 vol. . . 3 »

HISTOIRE DES CONSPIRATIONS SOUS LA COMMUNE 1 vol. 3 »

LES MYSTÈRES DE L'INTERNATIONALE, 1 brochure. 1 »

METZ ET BAZAINE (2e édition), 1 vol. 3 50

A TRAVERS LE PALAIS, Hommes et choses judiciaires (2e édition). . . . . 3 »

A.-J. DALSÈME

LE SIÈGE DE BITCHE

6 Août 1870. — 27 Mars 1871

OUVRAGE ADOPTÉ PAR LE MINISTÈRE DE L'INSTRUCTION PUBLIQUE ET PAR LA VILLE DE PARIS

Douzième édition

PARIS

E. DENTU, ÉDITEUR

Libraire de la Société des Gens de Lettres

PALAIS-ROYAL, 15-17-19, GALERIE D'ORLÉANS

La France mutilée subissait la loi du plus fort; accablés sous le poids du présent, incertains de l'avenir, à peine, à travers les brumes sanglantes qui voilaient l'horizon, osions-nous sonder l'immensité du désastre. Nous étions à une de ces heures où l'on désespère de tout, même de la patrie.

A cette heure sinistre, cependant, seule au milieu de la tourmente et de l'effondrement, Bitche, épave glorieuse échappée au naufrage, Bitche donnait au monde l'exemple de ce que peuvent, pour le salut d'un peuple, le sentiment du devoir, le respect du drapeau, le culte de l'honneur.

Au milieu du glas de nos défaites, ce simple

nom : Bitche, résonne comme un coup de clairon.

Sedan, la Révolution, la chute de Metz, la reddition de Paris, l'armistice, la conclusion de la paix, toutes les rumeurs qui accompagnaient ces événements, tous les commentaires qui en étaient la suite, étaient venus se briser contre le stoïcisme des défenseurs du dernier rempart de nos frontières.

Quand Bitche a ouvert ses portes, il y avait deux mois déjà que l'armistice était signé, un mois bientôt que l'Assemblée nationale avait ratifié les préliminaires de paix.

Parmi les prescriptions relatives aux places assiégées, il en est une qui ordonne aux chefs et à leurs troupes de rester sourds aux nouvelles du dehors. Pour avoir su, sans tergiversations, sans compromis d'aucune sorte, s'incliner devant cet article d'un règlement, Bitche, pendant huit mois, a défié la Prusse: pour avoir, sans arrière-pensée et sans calcul, obéi aux seuls principes dont doivent s'inspirer des âmes droites, ses défenseurs ont conquis une place à part dans les annales de la guerre de 1870-1871.

Cette lutte, accompagnée de tant de faiblesses, fut aussi l'aurore de plus d'un haut fait. Malheureusement, combien de dévouements oubliés ou méconnus !

Toul, Montmédy, La Fère, Mézières, Lichtemberg, Shlestadt, dont le Conseil d'enquête sur les capitulations rapportait la belle défense, étaient cités fièrement ; on dévorait les récits des chefs rendant hommage aux combattants qui s'étaient distingués sous leurs ordres. Mais les batailles qui n'avaient pas encore leurs narrateurs officiels ? Mais les forteresses qui, n'ayant point capitulé, échappaient aux appréciations du Conseil ? Pour celles-là, le temps seul pouvait dissiper les doutes.

Le temps a accompli son œuvre : on sait aujourd'hui comment une citadelle laissée presque sans ressources a résisté aux plus effroyables épreuves ; comment, exemple unique dans cette guerre unique, elle a, livrée à sa propre initiative, réussi à accroître ses moyens de défense et ses approvisionnements ; comment, quand le pays désarmé par un protocole de paix fléchissait devant le vainqueur, elle bravait encore, elle chétive, l'orgueil du conquérant; par quelle série, enfin, d'incroyables conjonctures, oubliée dans la convention d'armistice, exclue par un vice de forme des préliminaires approuvés par l'Assemblée, Bitche n'a vu le drapeau national cesser de flotter sur ses murailles que le 27 mars 1871, après une résistance de deux cent trente jours!

En racontant Bitche, celui qui écrit ces lignes s'est consolé d'avoir raconté Metz.

C'est Metz, au surplus, qui a fourni à l'auteur l'occasion de connaître la vérité sur Bitche.

Il se livrait, dans une feuille très répandue, à une étude que la sympathie des lecteurs accompagnait; des communications lui parvenaient, les unes confirmant des faits à sa connaissance, les autres apportant des indications nouvelles, étrangères, parfois, à la question qu'il traitait.

Parmi les renseignements qui nous étaient ainsi adressés, figuraient des traits de dévouement, de valeur militaire ou de vertu civique, évidemment destinés à faire,— sous forme de digressions, — ressortir davantage la culpabilité du commandant en chef de l'armée du Rhin.

Mais, outre que des digressions n'eussent pu qu'entraver la marche d'un tel récit, les faits signalés méritaient, en bien des cas, mieux qu'une allusion rapide ou une mention forcément tronquée.

Et puis, à un écrivain qui se pique d'être exact, est-il permis d'accepter les yeux fermés des rapports de toutes provenances ? La vérité veut être puisée aux sources mêmes, et l'on y doit consacrer un temps et des soins dont il est impossible de disposer quand d'autres devoirs absorbent l'attention. Il fallut donc attendre.

Notre publication sur Metz terminée, nous relûmes les notes dues à la bienveillance de nos correspondants. Au nombre de ces derniers, un officier distingué que nous avions eu l'occasion de rencontrer chez un ami commun, écrivait : « Je regrette de n'avoir pas eu plus tôt la pensée de vous entretenir de la défense de Bitche, inconnue jusqu'ici de tous pour des motifs qui, probablement, seront dévoilés plus tard. Que de rapprochements n'eussiez-vous pas mis en lumière ! Sans doute, le sergent-major Bœltz a fait preuve de beaucoup d'énergie et d'intelligence à la Petite-Pierre ; le lieutenant-colonel Taillant a montré, à Phalsbourg, ce que valent les soldats qui ont blanchi sous le harnais ; le colonel Denfert a écrit, avec Belfort, sa page dans l'histoire. Mais Bitche, insouciante ou redoutant les ordonnances militaires, n'a pas encore fait entendre sa voix. C'est pourquoi nul ne paraît se douter que, dans notre malheureuse guerre, une seule place a survécu, une seule a réalisé ce miracle, étant laissée à elle-même, d'augmenter ses ressources, après avoir supporté trois bombardements... » L'on devine si ce début excita nos appétits de chercheur.

Après le don divin d'inspirer les actions d'éclat et la gloire de les accomplir, est-il un rôle plus tentant que celui de les révéler au monde qui les ignore ?

D'autres, plus autorisés, eussent pu faire mieux. Le hasard nous favorisait. Nous renouâmes nos rapports avec l'officier de Bitche ; nous causâmes longuement de ce siège auquel il avait pris une part glorieuse : nous le laissâmes causer, plutôt, n'interrompant son récit que par les exclamations involontaires qu'appelaient les tableaux déroulés devant nos yeux.

Enfin ! dans cette campagne néfaste où le moindre succès était acheté au prix de terribles revers, il se trouvait donc plus d'une page vierge de souillure !

Un coin de notre France demeurait immaculé; une citadelle que le destin avait marquée d'avance pour le sacrifice suprême était restée debout et invaincue, alors que tout autour d'elle un passé orgueilleux s'écroulait avec fracas.

Comme s'il eût été écrit que notre armée entière devait avoir sa part dans cette résistance, Bitche s'était trouvée défendue par des fractions de troupes appartenant à soixante-douze corps différents.

Certains documents faisaient défaut à notre narrateur ; nous nous les procurâmes. Le dossier de Bitche reconstitué, force était de dépouiller, classer, coordonner les pièces, après un contrôle attentif des faits. Plus nous avancions dans notre besogne, plus nous nous passionnions pour cette admirable épopée. Il est impossible, nous disions-nous, qu'un tel souvenir demeure éparpillé, sous forme d'archives, dans la poussière de quelques cartons; pour l'honneur de l'histoire, il faut qu'il voie le jour !

Voilà par quel enchaînement de circonstances fut publié, dans un journal, d'abord, le récit de ce siège de huit mois, — récit que nous avons considéré comme un devoir de réunir en ce petit volume, dont nous offrons aujourd'hui au lecteur une nouvelle édition soigneusement corrigée.

L'AUTEUR.

Paris, 15 juillet 1881.

LE

SIÈGE DE BITCHE

I

La vallée d'Alsace. — Bitche dépendance du duché de Lorraine. — Autrefois et aujourd'hui. — La Cense aux Loups et la Ferme du Hasard. — De la déclaration de guerre (15 juillet 1870) à la levée du camp du 5e corps. — Le Commandant de place Teyssier. — Premières heures. — Provisions et armements.

Certaines descriptions quelque peu hyperboliques ont représenté Bitche comme un nid d'aigles se perdant vers les nues ; en s'étendant complaisamment sur les facultés de résistance de la petite place de guerre, quelques auteurs l'ont transformée en une citadelle inexpugnable, rivale de Gibraltar : ceux-là ne connaissaient ni Gibraltar, ni Bitche.

Les chaînes des Vosges et de la Forêt-Noire, arêtes parallèles entre lesquelles coule le Rhin, sont, au dire des géologues, les culées colossales d'une voûte immense dont le thalweg du fleuve marque l'effondrement. Des deux côtés, en effet, les montagnes sont symétriques et les strates concordantes. En descendant la vallée d'Alsace, ces chaînes, très élevées dans les Vosges du haut-Rhin, s'abaissent rapidement et ne montrent plus que leur cime, recouverte d'épaisses forêts.

L'hypothèse de l'effondrement de la vallée d'Alsace explique fort bien pourquoi les pentes montagneuses, abruptes du côté du Rhin, s'inclinent insensiblement, sous forme de plateaux, dans les versants opposés.

La place de Bitche, chef-lieu d'un des cantons de l'arrondissement de Sarreguemines (Moselle), est située presque au faîte des Vosges, dans un enfoncement du versant ouest. Le château date du quinzième siècle. Le territoire de Bitche, érigé en comté, dépendait à cette époque du duché de Lorraine. L'édifice avait pour assises un mamelon oblong, semblable de proportions à plusieurs mamelons voisins dont la plupart le dépassent en altitude. Bien que bâtie sur une éminence, la citadelle est donc, par rapport aux hauteurs environnantes, enfouie dans un bas-fond.

Ces hauteurs faisant comme une ceinture à l'étroit vallon qui s'étend à ses pieds, Bitche ne représente plus aujourd'hui, grâce aux pièces à longue portée, qu'un but imprudemment offert aux coups de l'ennemi.

Quatre bastions flanquent, vers les angles, le corps de place très étendu et fort étroit. Ses extrémités ont pour les protéger des demi-lunes ou têtes, reliées à elles par un pont volant au niveau de la plate-forme et par des caponnières, chemins creusés au pied des remparts. Pour compléter la défense, les courtines démesurément longues du corps de place étaient garanties par de petits ouvrages en forme de demi-lune et l'ensemble des travaux par un chemin couvert et un glacis à pente escarpée.

Des caves profondes s'enchevêtrent sous les bâtiments ; quelques-unes communiquent entre elles au moyen de passages souterrains. Un puits percé dans le roc fournit l'eau en temps de siège. La quantité d'eau nécessaire pour les besoins ordinaires de la garnison était assurée par trois citernes qu'alimentaient les chéneaux des toits.

Au-dessous du fort, s'étage la ville. Un mur crénelé en défend l'approche. Un ruisseau, la Horn, la borde dans toute sa longueur et permet d'inonder, dans la direction du Sud, une région de jardins et de champs. A l'extrémité de la ville, un camp retranché s'étend, de la rampe qui mène aux glacis du château, jusqu'à un fortin avancé, de construction récente.

La campagne boisée qui environne Bitche offre, au premier aspect, un agréable coup d'œil. Mais peu à peu le regard fatigué de la monotonie du paysage n'aperçoit plus que l'aridité de la plaine. Du haut de la plate-forme du château, on ne découvre ni une bourgade, ni un hameau, ni la pointe d'un clocher. Seules, deux humbles habitations dressent au loin leurs silhouettes : l'une s'appelle la « Cense aux Loups », l'autre la « Ferme du Hasard ». Les villages disséminés dans la région sont uniformément enfoncés dans les ravins, au bord des ruisseaux où les hommes ont pu s'abriter et les cultures s'établir.

Bitche laissée à elle-même, c'est la solitude, l'isolement, l'abandon absolu.

Au début des hostilités, la place était à peine armée. La France se préparait à une promenade triomphale en territoire allemand ; l'éventualité d'un retour de fortune s'était trouvée exclue du programme de nos victoires et conquêtes, et on n'avait pourvu Bitche, comme tant d'autres citadelles, que d'un faible outillage défensif. Ses embrasures étaient vides, ses remparts veufs de sacs à terre, ses poudres sans abris suffisants.

Située à l'intersection de cinq routes — qui,

directement ou par leurs embranchements, conduisent: à Strasbourg par la vallée de Niederbronn; à Wissembourg ; à Deux-Ponts, Kaiserslautern et Mayence ; à Sarreguemines, Saint-Avold et Metz ; à Sarralbe et Phalsbourg ; — la place offrait une importance stratégique autrefois fort appréciée.

La voie ferrée qui la dessert, reliant le Rhin à la Moselle et Strasbourg à Metz, la désignait comme un point naturel de concentration ; sa proximité de la frontière bavaroise, distante de trois lieues environ, paraissait devoir l'appeler, dès le début de la campagne, à un rôle prépondérant.

Les avantages qui désignaient Bitche comme une excellente base d'opérations ne furent que tardivement reconnus. Quand le 5e corps parvint, après une série d'ordres et de contre-ordres de l'état-major général, à rallier ce centre, la marche des événements était trop avancée pour permettre de tirer encore de la situation un parti favorable. Ordre, contre-ordre, désordre, dit le soldat.

Dans la matinée du 6 août, le général de Failly levait le camp pour se porter au secours du maréchal de Mac-Mahon. Bitche demeurait séparée de la France, n'attendant le salut que de sa patriotique initiative et de l'indomptable énergie du chef à la responsabilité duquel était confiée la place, M. le commandant Teyssier.

Le commandant Teyssier, depuis colonel commandant la place de Vincennes, aujourd'hui retraité, est un de ces hommes dont la trempe solide défie les plus rudes coups du sort. Tempérament modéré, esprit judicieux, intelligence cultivée, nature modeste, cœur loyal, calme dans les conseils, plein de feu dans l'action, il sait le métier des armes en soldat qui a passé par chacune des étapes menant aux grades élevés. Il appartient d'ailleurs à une famille de soldats.

Petit-fils d'un capitaine au Royal-Champagne, chevalier de Saint-Louis ; fils d'un lieutenant de la Grande-Armée, chevalier de la Légion d'honneur ; neveu et petit-neveu, enfin, d'officiers tués sur les champs de bataille, Teyssier (Louis-Casimir), né à Albi en 1821, partait à vingt et un ans comme jeune militaire au 21° de ligne. Lieutenant au début de la guerre de Crimée, il était laissé pour mort devant Sébastopol, à l'assaut du bastion central. Les Russes le relevèrent la tête fendue par un éclat de pierre, la cuisse éraflée par un boulet qui avait emporté un pan de la tunique, la main droite broyée par un coup de feu tiré à bout portant. Il était depuis peu capitaine. Décoré à sa rentrée de captivité, il passa, faute de vacance, au 98e de ligne.

Nous retrouvons, avec ce nouveau régiment, le capitaine Teyssier en Italie ; au combat de Montebello, il a la poitrine traversée de part en part. En 1867, il est nommé chef de bataillon au 73e de ligne. Le 12 mars 1870, il est fait officier de la Légion d'honneur. A la déclaration de guerre, il passe dans l'état-major des places et est envoyé à Bitche.

Toute cette existence militaire, si simple et si digne, peut se résumer par un mot : devoir.

Le commandant de la place de Bitche est au physique, ce qu'il est au moral : droit, ferme, vigoureux, grave dans son maintien, tempéré dans ses gestes et dans ses paroles ; le corps est élancé, la tête maigre, osseuse ; une chevelure à peine grisonnante, drue et serrée aux tempes, encadre le front, haut et légèrement bombé ; l'œil grand ouvert, de teinte bleu-faïence, a des reflets métalliques adoucis par une expression bienveillante qu'on lit aussi sur les lèvres, en dépit de la moustache de coupe toute martiale dont elles sont ombragées. L'ensemble de cette physionomie est sympathique ; il respire tout à la fois la patience et la volonté, la bonhomie et le sang-froid, la placidité d'un caractère studieux, réfléchi, et les ardeurs d'une vivacité accoutumée à braver le péril.

Un pareil commandant voulait être secondé : nous verrons bientôt que les lieutenants étaient dignes du chef.

Un bataillon du 86e de ligne, — 800 hommes, commandant Bousquet, — était préposé à la défense de la citadelle ; déjà 200 douaniers l'occupaient sous les ordres de l'inspecteur Narrat ; 250 artilleurs de la réserve, — capitaines Poulleau, Lair de la Motte et Lesur,— complétaient cet effectif ; il allait s'augmenter, au cours des journées suivantes, d'un millier d'isolés de toutes armes, — pour la plupart débris de Reischoffen, — et, un peu plus tard, d'environ 250 gardes nationaux composant la milice de la ville.

Les premières heures se passèrent au milieu d'un désarroi gros d'appréhensions pour l'avenir. Voitures, fourgons, convois de blessés, fuyards de l'armée de Mac-Mahon accourant se mêler aux bagages épars autour de la place, formaient un encombrement d'autant plus redoutable qu'on s'attendait, d'un moment à l'autre, à voir apparaître les uhlans, avant-coureurs d'un corps d'investissement.

Il fallait, tout d'abord, mettre Bitche à l'abri d'un coup de main.

En présence de cette impérieuse nécessité, éclatent la vigueur, la présence d'esprit, la sûreté de coup d'œil, toutes les aptitudes, enfin, qui faisaient véritablement du commandant de place l'homme qu'exigeaient les circonstances. Il entrait à peine en fonctions. De l'ancien personnel du fort, il ne restait que le secrétaire-archiviste, M. Brunel ; un garde du génie, M. Guichard ; et M. Journarin, garde d'artillerie. Cependant, en moins de deux journées, les services sont organisés. Un conseil de défense est formé ; la force publique, — une trentaine de gendarmes sous la conduite du capitaine Mathieu, — rétablit l'ordre ; les *impedimenta* de tout genre sont réunis dans le camp retranché sous la garde des isolés, dont le difficile commandement est confié au capitaine d'artillerie Lair de la Motte. M. le capitaine Guéry reçoit la direction du génie ; M. le capitaine Jouart, celle de l'artillerie ; M. Simon, adjoint à l'intendance, est chargé des approvisionnements. Les hôpitaux et ambulances sont placés sous la surveillance de M. le médecin-major Lagarde. Le fortin du camp retranché est occupé par une soixantaine de turcos et quelques fantassins de divers corps. Des détachements lancés dans plusieurs directions ramènent le bétail des environs, pendant que d'autres transportent au fort un convoi de vivres et de fourrages emmagasiné dans la gare. Trois cent mille francs sont recueillis dans diverses caisses de régiments ; la somme est faible, mais on saura s'en contenter.

Le relevé des subsistances en farine, viande fraîche ou salée, café, sucre et riz présente un to-

2.

tal qui permettra d'atteindre à la fin de novembre; à une condition, toutefois : c'est que l'on se passera à peu près de sel et de luminaire. Quant au vin, force est d'en supprimer la distribution, les quantités dont on dispose devant à peine suffire aux besoins des malades. Tout au plus semble-t-il possible d'accorder quelques rations d'eau-de-vie aux hommes employés aux travaux extraordinaires.

L'armement de la place et du château comprend 53 pièces. Dans ce chiffre figurent des obusiers ancien modèle, des canons de 4 à âme lisse, des mortiers à main : autant de non-valeurs. La véritable artillerie, la seule qui puisse entrer en lutte, consiste en 2 pièces rayées de 24, parfaites, 6 pièces rayées de 12 et 5 mortiers de 0,27. L'arsenal renferme des fusils à tabatière, avec des cartouches appropriées à ce modèle, un nombre considérable de fusils lisses non transformés et une quantité restreinte de cartouches de chassepot.

Par contre, les approvisionnements en poudre à canon dépassent considérablement les besoins. L'insuffisance et la mauvaise installation des magasins rendent même périlleux cet excédent qui, ailleurs, pourrait n'être qu'inutile. N'importe; l'inventaire moral de la défense fournit un résultat satisfaisant, toutes les volontés sont au niveau de la tâche, en aucun cœur il n'y a place pour un sentiment de pusillanimité : quoi qu'il advienne, on résistera.

En vain, le général en chef du 5e corps a-t-il laissé entendre, en s'éloignant, qu'il serait téméraire de chercher à défendre la ville; en vain le maire, vieillard faible et maladif, insiste-t-il en faveur de cette recommandation. Livrer la ville serait livrer le fort ; comme le fort, la ville sera défendue.

II

Les éclaireurs du 7 Août. — Reconnaissances ennemies. — Conseil de défense. — Canonnade. — Les ripostes du château. — Prisonniers Allemands. — Nos piétons. — Ordre de la place. — Leurs parlementaires. — Lettre du commandant en chef bavarois. — Propositions repoussées.

Le 7 août, les éclaireurs ennemis commencent à paraître.

De la plate-forme du château, le regard suit distinctement les mouvements des cavaliers dans la plaine, leurs évolutions le long des pentes qui l'avoisinent. Déjà, à travers les plis du terrain, on aperçoit au loin les soldats à casque de cuir. Quelques vedettes audacieuses s'aventurent même jusqu'à portée de fusil.

Le rôle de la défense va commencer.

De grosses reconnaissances s'avancent pour tâter la position; on entend, sur les routes, le trot des chevaux, le roulement des pièces de campagne. Mais quelque bref qu'il ait pu être, les nôtres ont su mettre à profit le laps de temps écoulé.

Trois bordées d'une pièce de 24 sont envoyées sur le plus compacte des groupes ennemis. Le premier projectile va tomber un peu en avant, le deuxième un peu en arrière, le troisième au beau milieu d'un demi-escadron de cavalerie. Laissant sur le terrain quelques hommes et quelques bêtes, il fait volte-face et s'enfuit au galop.

Le 8, un officier se présentant en parlementaire vient demander la reddition de la place.

— Vous savez nos victoires, dit-il; coupés de toute communication, vous ne pourriez tenir contre une attaque sérieuse. Acceptez les conditions que je vous apporte : sortez avec les honneurs de la guerre et rejoignez vos corps.

Le conseil s'assemble sous la présidence de son chef. Délibérera-t-il? Non. Devant de telles propositions, il n'y a point lieu de délibérer.

— Allez dire à ceux qui vous envoient, réplique sommairement le commandant Teyssier, que des Français ne se rendent pas sans combattre.

Le témoignage qu'il a reçu, la veille, de la sûreté et de la longue portée du tir de la citadelle, a rendu l'ennemi circonspect. A l'avenir, il ne se risquera plus à découvert.

Cependant, entre deux et trois heures de l'après-midi, des obus tombent sur la place. L'assaillant a établi, à 2,000 mètres environ, deux batteries : l'une sur la route de Wissembourg, l'autre en bordure de la route de Strasbourg.

Les quelques pièces d'artillerie que le fort a eu le temps de mettre en position répliquent crânement à cette agression subite. La canonnade dure deux heures environ, au bout desquelles les Allemands paraissent hésiter. La vigueur de notre riposte les déconcerte ; il est évident qu'ils ne sont pas en mesure d'agir. Brusquement, leur feu cesse. Un mouvement de retraite très accusé accentue la fin de la démonstration.

N'aurait-elle eu, de la part des Prussiens, d'autre objet que d'intimider Bitche ? Il est permis d'en douter, en présence des renseignements d'espions qui leur dépeignaient comme une proie facile la position abandonnée à ses maigres ressources. Un détail curieux vient fortifier ce doute.

Durant les journées du 9 et du 10 août, des vedettes ennemies ont continué à battre les routes environnantes, puis ont peu à peu disparu. Le 11, plusieurs chariots chargés de victuailles viennent se faire prendre aux portes de la ville Les conducteurs, Allemands, sont interrogés : ils croyaient Bitche au pouvoir de leurs compatriotes. Des soldats au nombre d'une vingtaine, escortaient le convoi. On les questionne : ils partageaient la même opinion.

Soldats et conducteurs sont gardés prisonniers. Prisonniers également deux journalistes de Berlin qui se présentent le 12, s'imaginant entrer dans une cité conquise, et un capitaine bavarois, arrêté sur la route par un paysan.

Un *Te Deum* célèbre le 15 août; les cloches sonnent à toute volée : on crie : *Vive l'Empereur !* Pour les défenseurs de Bitche, ce cri ne traduit point une conviction politique; il est l'affirmation d'un patriotisme dont nulle épreuve ne refroidira l'ardeur. Que leur importe l'empire! C'est la France qu'ils acclament. Ils sont les soldats de la France, non les soldats d'un parti.

La semaine se passe dans l'attente; nos grand'-gardes ont l'œil fixé sur l'horizon. On suppose à l'ennemi le projet de revenir en nombre. Ce plan sera t-il exécuté à bref délai, ou bien la petite citadelle vosgienne aura-t-elle à prendre l'offensive contre les Allemands qui, en cas de retraite, la rencontreraient sur leurs derrières, prête à les harceler au passage?

Ces questions jettent la place dans une grande perplexité. On a tenté de les résoudre par l'envoi de plusieurs messagers au dehors. Mais les uns rentrent sans avoir réussi à passer; d'autres ne reparaîtront plus, notamment le sergent Haltenburger, fils d'un garde forestier du pays. Parvenu jusqu'à Metz, il y sera retenu. L'état-major général utilisera ses aptitudes, au lieu de le renvoyer à Bitche avec une réponse et des encouragements.

Enfin, deux émissaires reviennent, munis de renseignements qu'un ordre de la place porte à la connaissance de la garnison :

ORDRE DE LA PLACE

16 *Août*

Officiers, sous-officiers et soldats de la garnison de Bitche,

Le commandant de la place, les officiers de la garnison et la municipalité de Bitche font tous leurs efforts pour avoir des nouvelles de nos armées et pour entrer en relations avec elles.

Ces diverses tentatives, dont plusieurs sont encore en cours d'exécution, n'ont pas toujours été aussi heureuses que nous l'eussions désiré. Aujourd'hui, cependant, deux messagers envoyés par l'autorité militaire, l'un à Saverne, l'autre à Phalsbourg, sont revenus ayant atteint le but qui leur avait été assigné et en rapportent les preuves officielles.

Le commandant de la place de Phalsbourg me fait savoir que cette place a été bombardée par deux fois. Dimanche, 14 août, le bombardement a duré toute la journée, et nous avons pu l'entendre d'ici. Néanmoins la place a résisté malgré les incendies qui ont détruit près de la moitié des maisons de la ville, sans pertes appréciables pour la garnison et les habitants.

La nouvelle que le drapeau de la France flotte toujours sur la forteresse de Bitche a été accueillie à Saverne et à Phalsbourg avec un grand enthousiasme, et les autorités de ces deux villes ont promis à nos messagers de faire tous leurs efforts pour le faire savoir à la France et à l'Empereur.

Le commandant de la place n'a pas de nouvelles assez certaines de l'armée, que l'on suppose devant Nancy, pour vous en faire part.

Le point que nous occupons aura une très grande importance lorsque l'ennemi sera obligé de battre en retraite, car nous sommes admirablement placés pour lui couper une partie importante de ses communications.

Profitons donc du répit qui nous est laissé pour nous préparer à accomplir la tâche qui nous imcombera lorsque le moment sera venu.

Les troupes du château ont pour mission spéciale de garder et d'approprier la forteresse à une résistance à outrance.

Les troupes du camp retranché, accidentellement réunies, ont une mission plus active ; elles devront se préparer, par des reconnaissances nombreuses et chaque jour répétées, à connaître le pays dans ses moindres détails et les voies de communications jusqu'aux plus petits sentiers.

N'osant passer sous Bitche, l'ennemi a tourné la position par des chemins à peine praticables même dans la belle saison.

Nous pouvons rendre difficiles et même impraticables ces communications secondaires, et c'est un travail que nous allons entreprendre.

Nous sommes nombreux, et chaque jour il nous arrive des renforts individuels par suite des sorties de l'hôpital et des prisonniers échappés à l'ennemi.

Les vivres et les munitions sont rares: soyons donc sobres dans notre nourriture et économes dans nos munitions, que nous devons conserver avec le plus grand soin.

Les autorités civiles nous ont été d'un puissant secours dans un moment difficile où nous avions tout à la fois à nous organiser et à nous défendre. Elles nous aideront toujours de tout leur pouvoir, j'en ai la certitude; ne nous montrons pas ingrats pour tant de sollicitude et restons unis.

Le Commandant de la place,

TEYSSIER.

Ce mâle langage excite l'enthousiasme des soldats. Nos premiers revers, loin d'ébranler leur foi, l'ont affermie. Pas un homme, quelles que soient ses espérances, ne se dissimule l'imminence d'une agression. C'est donc sans la moindre surprise que, dans la nuit du 22, nos postes avancés entendent sonner au parlementaire.

Deux officiers ennemis sont signalés.

Le lieutenant Ravenel et l'adjudant de place Mondelli sont chargés de les recevoir, de leur bander les yeux et de les introduire auprès du commandant.

L'entrevue est de brève durée : pas plus que la précédente, cette démarche n'a rencontré faveur. Les parlementaires éconduits laissent, en se retirant, une lettre qu'ils prétendent écrite en français. En voici le texte :

Monsieur le commandant,

Vous n'ignorez plus que le cours rapide des événements vient d'atteindre le premier but de la guerre.

La défaite complète de l'armée française, à laquelle nous rendons volontiers l'hommage de la vaillance, a eu lieu à Metz dans les journées des 14, 16 et 18 août, tandis que l'armée du prince royal de Prusse marche victorieusement sur Paris.

Dans cet état de choses, je n'ai pas besoin de vous faire comprendre, monsieur le commandant, qu'il ne serait en aucune valeur de maintenir la place qui se trouve sous vos ordres.

Les forteresses de *Lichtemberg, Lutzelstein, Marsal* et autres se sont rendues également et se trouvent actuellement en notre pouvoir.

J'ai donc l'honneur de vous offrir les conditions suivantes, en vertu desquelles la forteresse de Bitche se rendrait aux troupes placées sous mon commandement.

ARTICLE 1er

Toute garnison sortira de la ville en portant les armes et

tambours battant jusqu'à cinq cents pas, vers Niederbronn, après quoi mettra bas les armes.

ARTICLE 2

Les officiers, ainsi que toute la troupe, conserveront tous leurs bagages militaires et particuliers, sauf les munitions.

ARTICLE 3

Tous les officiers garderont leurs sabres et se rendront à Reischoffen, où ils pourront circuler librement sur parole d'honneur, jusqu'à ce que Son Altesse le prince royal leur aura accordé la permission de rentrer en France. Cette autorisation sera immédiatement demandée par le télégraphe et comprendra tous ceux qui voudraient s'engager à ne plus porter les armes contre l'Allemagne pendant toute la durée de cette guerre.

ARTICLE 4

Les troupes appartenant à la ligne seront dirigées sur l'Allemagne jusqu'à la fin de la campagne; pour celles de la garde nationale, l'autorisation sera demandée de rentrer librement dans leurs foyers.

ARTICLE 5

Toute la garnison serait munie des vivres dont elle pourrait avoir besoin, outre ce qui lui reste à l'heure de son départ.

ARTICLE 6

M. le commandant recevra, s'il le désire, une déclaration en toutes formes quant au maintien honorable de la position militaire qui lui a été confiée, et qui, bien entendu, n'est rendue qu'en vue de circonstances impérieuses contre lesquelles il serait en vain de lutter.

En échange, M. le commandant promet de délivrer, sans exception, tous les matériaux de guerre se trouvant dans la forteresse de Bitche.

Dans le cas que M. le commandant devrait rejeter les propositions que je viens de lui faire, j'ai l'honneur de prévenir que le bombardement de la forteresse commencera dès aujourd'hui, et qu'à partir du premier coup de feu qui sera tiré des remparts de Bitche aucune condition ne pourra plus être admise, à moins que la place ne se rende à discrétion.

Trente minutes sont données afin de recevoir la réponse que M. le commandant jugera à propos de donner.

Les conditions susdites acceptées, il est chargé de les signer préalablement avec qui de droit.

Veuillez, Monsieur le commandant, agréer à cette occasion l'assurance de ma considération distinguée.

Devant Bitche, le 22 août 1870.

Le commandant en chef bavarois,

Signé : KOLLERMANN.

Cette sommation diffère de la première en ce que, au lieu de permettre aux troupes de rejoindre leurs corps, elle les déclare prisonnières de guerre; elle offre comme particularité remarquable son analogie avec la convention rédigée quelques jours plus tard à Sedan.

Après le refus du conseil de défense, une attaque ne saurait tarder. Vers le soir, des patrouilles allemandes foulent de nouveau les sentiers, en vue de la forteresse. Le canon du château les disperse. Partout, à distance, nos obus vont fouiller le sol. Les précautions utiles sont prises avec entrain et un redoublement de vigilance assure pour la nuit notre sécurité.

III

Deuxième canonnade. — Ironie du destin. — Nouvelles ouvertures du colonel Kollermann. — Préparatifs de résistance. — Les hauteurs. — Où est l'ennemi ? — Les sorties du 1er et du 3 septembre. — Soupçons d'espionnage. — Un souvenir de 1793. — Traître puni. — Mystère dévoilé.

Le 23 août, à quatre heures et demie du matin, deux formidables détonations éveillent la citadelle endormie.

De ces coups, partis des lignes bavaroises, le premier porte loin du but ; au second, un obus de gros calibre traverse une chambre que, par une ironique coïncidence, occupent douze prisonniers allemands. Ils poussent des cris horribles ; on se hâte d'évacuer ces malheureux dans les souterrains du château.

En un clin d'œil, tout le monde est sur pied ; nos embrasures ouvrent un feu meurtrier contre la batterie qu'à la faveur des ténèbres l'ennemi audacieusement entreprenant, a élevée, à 1,200 mètres de distance, sur le mamelon du Gross Otterbuhl. Le Gross Otterbuhl est égal en hauteur à la plate-forme du fort. Le tir horizontal de notre artillerie fait taire, en quelques heures, le feu de l'adversaire.

Derechef, celui-ci semble se replier. L'envoi de deux parlementaires masque cette fois ses intentions.

Des explications embarrassées qu'ils apportent, il semble résulter que la présence de Bitche obligerait un corps d'armée allemand à un détour considérable. Mais le langage ambigu des visiteurs, la persistance qu'ils mettent à prolonger l'entretien sont suspects : ils n'ont cherché qu'un prétexte à suspension d'armes, destiné à permettre aux leurs une tranquille retraite. Quelques obus lancés sur l'arrière-garde hâtent ce départ et, du même coup, montrent aux négociateurs que nous ne sommes point leurs dupes.

— Nous reviendrons, s'écrie l'un d'eux en s'éloignant, nous aurons vingt mille hommes, de l'artillerie de siège, des projectiles à foison, et nous vous pilerons dans Bitche comme dans un mortier !

Cependant, le double succès remporté dans la même quinzaine a exalté l'énergie des troupes. La prévision de la nécessité d'une défense sérieuse est un stimulant qui décuple les bons vouloirs.

Des ordres de la place les encouragent. Dans un style robuste en sa concision, sans déclamation et sans phraséologie vaine, le commandant Teyssier expose à la garnison la vérité à laquelle elle a droit ; il dit les périls conjurés, les obstacles à vaincre encore.

Un élan unanime active les travaux, en dépit de la pluie persistante et des froids prématurés. On place en batterie des pièces nouvelles ; on élargit les embrasures en pierre, de construction ancienne, qui n'offraient qu'un évasement insuffisant ; l'artillerie est disposée en barbette, seul moyen d'obtenir un champ de tir étendu ; on empile partout des sacs-à-terre, on établit des traverses, on renforce les parapets dont l'épaisseur n'excède pas deux mètres ; on décapite chaque bastion de l'énorme et dangereuse charpente qui le coiffe comme d'un bonnet de police ; on blinde les magasins à poudre.

Bientôt, la terre manque pour l'œuvre préservatrice ; il n'est possible de s'en procurer qu'au loin, vers l'extrémité de la ville.

Alors, de leurs tentes-abris, les soldats font de petits sacs qu'ils descendent remplir de quelques pelletées de terre, remontent vers le fort, s'en vont remplir encore, transportent de nouveau au sommet du rocher, avec une persévérance qu'aucun obstacle ne rebute. Des chaînes s'organisent, comme dans un incendie. La cité se transforme en une fourmilière.

A l'extérieur, on pousse à plusieurs kilomètres à la ronde des reconnaissances rapides ; on abat des arbres, on coupe les routes, on défonce les chemins creux. Des paysans interrogés, des émissaires lancés en campagne, fournissent un contingent d'informations qui ne saurait laisser d'incertitude sur les intentions de l'ennemi : un vaste mouvement fait converger vers la place des forces imposantes ; des pièces de gros calibre, envoyées de Haguenau, débarquent à Niederbronn ; des troupes d'infanterie se concentrent à Wolmunster et à Lemberg, à moins de dix kilomètres de Bitche.

Du château, ces préparatifs demeurent invisibles. Bitche coupe les voies de communication de telle sorte qu'il est impossible d'évoluer en vue de ses remparts ; toutes les routes passent derrière les collines.

Il faut sonder ces perfides hauteurs, rideau dont l'épaisseur peut dissimuler quelque piège. La plupart d'entre elles, nous l'avons expliqué, commandent la plate-forme du fort, dont l'altitude absolue n'excède pas 60 mètres au-dessus du niveau de la Horn. A 1,700 mètres à droite de la route de Sarreguemines, se dresse le mamelon du Gaukfeck, plus élevé de 55 mètres ; à une distance égale, le

Controlen, surplombant de 40 mètres; à 1,800 mètres, le Schimberg, plus haut que le fort de 36 mètres; à gauche de la route de Sarreguemines, à 2 kilomètres, le plateau inégal de la Rosselle, le dominant de 50 mètres en moyenne; en seconde ligne, dans la même direction, à un peu plus de 3,000 mètres, le pic du Hoepkopf, dont la cime le dépasse de plus de 100 mètres; et enfin, au col de la route de Strasbourg, à 3 kilomètres également, le Pfaffenberg, démesurément élevé au-dessus du château. Les tirailleurs reviennent chaque soir, après avoir tout le jour rampé au flanc des coteaux sans recueillir encore aucun indice suspect.

Le 27, un maréchal-des-logis de gendarmerie, envoyé en éclaireur vers la Rosselle, est accueilli par quelques coups de feu. Le lendemain, un médecin de la ville attaché aux ambulances et protégé par la croix de Genève, se dirige du même côté. Son intention est de gagner la localité la plus proche pour s'y procurer des médicaments. Un officier wurtembergeois l'arrête, l'interroge, lui ordonne de rétrograder :

— Laissez-moi, lui dit-il, la note des objets qui vous sont nécessaires; si j'en obtiens l'autorisation, je vous les enverrai contre remboursement. Quant à vous livrer passage, cela m'est formellement interdit.

Plus de doute, l'ennemi est là. Quelques précautions qu'il apporte à cacher ses projets, tout laisse supposer qu'il a jeté son dévolu sur cet emplacement pour l'installation de ses batteries.

Le lieu est choisi habilement. Découvert dans la partie qui menace directement la place, le plateau est boisé sur sa plus grande étendue. C'est sous le couvert des bois que les Allemands abritent leurs travaux, peu soucieux qu'ils sont d'exposer leur vie dans les sièges. Tout en observant avec soin les autres points de la périphérie, c'est de ce côté que désormais nous devons spécialement porter notre attention.

Une petite expédition est résolue, ayant pour objectif les retranchements élevés, — et peut-être déjà armés, — par l'adversaire. Mais une sortie présente de graves difficultés. Si les mouvements de l'assiégeant échappent à nos investigations, nous ne saurions, quant à nous, soustraire à ses regards aucun des nôtres. Ce serait se livrer à tous les hasards de l'inconnu que d'entreprendre une opération de longue haleine. Donc, la sortie s'effectuera à la faveur des ténèbres et sera conduite vivement.

Le 1er septembre, à minuit, quatre cents fantassins répartis en trois colonnes, sous le commandement du capitaine Baron, du 48e de ligne, se jettent hors des murs, vont gravir les pentes de la Rosselle et saccagent les terrassements de l'ennemi. Une chaude fusillade oblige nos hommes à la retraite. Ils reculent lentement, méthodiquement, au moment même où, l'aube commençant à poindre, le feu de la place pourra utilement mêler ses efforts à ceux de leur mousqueterie.

Cette première tentative a réussi. Une nouvelle sortie nocturne va la suivre, à quarante-huit heures d'intervalle, exécutée, cette fois, dans des proportions plus larges, sinon plus sages.

Huit cents soldats du camp retranché, divisés en trois colonnes d'attaque, opéreront avec deux pièces de campagne, les seules dont il soit possible de disposer. Leur mouvement sera appuyé, en arrière, par les compagnies Désoubry, Palazzi et Fenoux, du 86e de ligne, les trois autres compagnies de ce bataillon formant, avec les douaniers, une deuxième réserve.

Le capitaine d'artillerie Lair de la Motte dirige l'expédition.

Pendant que la colonne de droite commandée par le sous-lieutenant Labarbe, du 30e de ligne, attaquera vers les bois, la colonne de gauche, sous les ordres du capitaine Baron, opérera un mouvement tournant. La colonne du centre, enfin, franchira, avec les canons, la route de Sarreguemines, pour se porter contre le gros des forces adverses.

Par malheur, les hommes du camp retranché, excellents combattants en général, n'offrent entre eux qu'une imparfaite cohésion. Militaires de toutes armes, provenant d'un chiffre considérable de corps, ils ne peuvent former qu'un ensemble hétérogène.

L'ennemi qu'on va surprendre est d'ailleurs notablement plus nombreux et beaucoup mieux sur ses gardes qu'on ne le croit.

Aussi, malgré le succès des colonnes de gauche et de droite qui ont enlevé les hauteurs et culbuté les avant-postes allemands, la colonne du milieu, cédant sous le poids de forces triples, se retire-t-elle sans que ses deux pièces aient eu le temps de prendre position. Ce mouvement du centre est suivi par les ailes ; toutefois, elles ne plient que graduellement. L'attitude des troupes est excellente. La compagnie Désoubry entretient un feu remarquablement nourri ; la section du lieutenant Neurisse se bat avec acharnement. Au petit jour, après cinq heures de lutte, la forêt répercute encore les échos de la fusillade.

L'artillerie du château, qui n'a pu jusqu'alors prendre part à l'action de crainte de toucher les nôtres, commence enfin à entrer en ligne. La colonne de droite sort des bois, ramenant des blessés et poursuivie par l'ennemi. Ce dernier est près de l'atteindre, quand une demi-douzaine de projectiles envoyés avec une précision mathématique le coupe et le contraint à rétrograder.

Les munitions manquent. Seuls, quelques turcos ont conservé des cartouches qu'ils s'obstinent à utiliser. La vue du drapeau parlementaire hissé pour l'enlèvement des morts les décide à cesser le feu. L'ennemi ne nous permet de recueillir que les cadavres tombés dans nos lignes.

L'affaire du 3 septembre nous a coûté soixante-deux hommes, parmi lesquels neuf tués, restés en notre pouvoir et enterrés le lendemain en grande pompe.

Les pertes de l'adversaire sont supérieures.

Le commandant de place écrit en son ordre du jour:

Dans cette sortie, MM. les officiers chefs de colonnes et autres ont montré toute l'énergie et le courage que l'on a coutume de rencontrer chez les officiers français ; il faudrait les citer tous.

Parmi les hommes de troupe, se sont plus particulièrement fait remarquer les nommés :

Ferreri, sergent-major au 1er zouaves ;

Cotte, caporal au 27e;

Leloup, sergent au 14e bataillon de chasseurs à pied;
Melon, caporal au 49e;
Bouret, brigadier au 10e d'artillerie;
Richard, sergent au 68e.

La promptitude avec laquelle l'adversaire a fait face à nos troupes passe aux yeux de quelques habitants pour la conséquence de fâcheuses indiscrétions. Essentiellement nerveuse et impressionnable, la population d'une place assiégée s'alarme des moindres symptômes. L'incertitude touchant les faits extérieurs pèse vivement sur les esprits. Les bruits les plus contradictoires circulent à travers la ville. Nos armées sont victorieuses, d'après les uns, défaites, selon les autres. Un jeune mobile, Dumont, a apporté les dernières nouvelles. Son père, capitaine de la douane, servait à Bitche. Désigné comme secrétaire-adjoint de la place, Dumont, pour rallier ce poste, a traversé les lignes qui enveloppent l'armée de Bazaine. On a eu par lui le récit des premiers combats sous Metz, mais sans en pouvoir apprécier les résultats.

Dans l'intervalle écoulé entre les deux sorties, un parlementaire est venu offrir des journaux allemands; le commandant de place les a refusés. Le 7 septembre, est publié l'ordre suivant :

ORDRE DE LA PLACE

L'ennemi exécute des travaux contre la place.

Il est essentiel que, lorsque nous tirons sur ces travaux, les hommes ne viennent pas se montrer sur les parapets, ni aux croisées; cela peut donner à l'ennemi des indications contre nous. Il en est de même des promenades sur les remparts de la place un observateur judicieux peut prendre des directions très exactes pour des cheminements contre la place en observant le point précis où un promeneur, marchant sur les banquettes, change de direction. En conséquence, les douaniers qui forment la garde des remparts recevront la consigne spéciale, conforme au règlement, de ne laisser passer sur les remparts que les officiers de l'artillerie, du génie et les officiers de service.

Le commandant de la place,

TEYSSIER.

Des pessimistes persistent à prétendre que de criminelles révélations entravent la défense Quelques-uns crient à la trahison. On assure qu'il y a, au château, des gens vendus à l'ennemi, peut-être des officiers. On a remarqué des signaux échangés le soir, au moyen de lumières, entre le fort et la ville.

Pour couper court à ces rumeurs, le commandant Teyssier apposte un lieutenant d'infanterie en observation sur le rempart. Cette vigie, effectivement constate la présence d'une lumière éclairant à plusieurs reprises et à intervalles égaux une fenêtre du pavillon du génie, au château.

— Plus de doute, s'écrie-t-on, le traître est là !

Et l'on n'aura de repos que l'on n'ait démasqué le traître.

Les habitants de Bitche ont de puissants motifs pour se montrer défiants. L'histoire de leur ville ne leur rappelle-t-elle pas l'une des plus étranges surprises dont une place assiégée ait failli être la victime ?

C'était en 1793. Depuis l'année précédente la France était en lutte avec l'Autriche et la Prusse. Les forces françaises du camp de Hornbach venaient d'échouer dans l'attaque de Pirmassens, en Bavière. Elles avaient dû battre en retraite. Le 29 septembre, elles étaient défaites en vue de Bitche et se repliaient sur Sarreguemines, laissant à découvert une portion du pays.

A dater du 3 octobre, la citadelle fut cernée de près. Sa garnison se composait du 2e bataillon du Cher, 675 hommes, commandant Augier, et de 64 canonniers du 1er régiment d'artillerie à pied. Le capitaine Barba, du 5e régiment d'infanterie, commandait provisoirement la place.

Le 15 novembre, durant la nuit, six mille

hommes d'élite de l'armée prussienne, que commandait le prince de Hohenlohe, s'approchèrent de Bitche, arrivèrent sans bruit jusqu'aux barrières d'un ouvrage avancé, en arrachèrent les chevaux de frise ; sans chercher à s'emparer de cet ouvrage, une colonne escalada, au moyen d'échelles, les obstacles, et put gagner ainsi l'entrée principale du fort.

Pendant ce temps, une autre colonne gravit le glacis du côté de la petite tête, débouche sur le chemin couvert, enlève les sentinelles, enfonce quatre portes et parvient à la caponnière de gauche.

Non loin du seuil du fort s'ouvrait un souterrain où couchait le préposé à la garde des bœufs, un nommé Billet. Entendant des pas étouffés, Billet s'élance vers une fenêtre grillée dominant le pont-levis. Il aperçoit dans l'ombre des sapeurs occupés à pratiquer une ouverture à coups de hache.

Immédiatement, l'éveil est donné. Déjà l'ennemi a fait un trou énorme dans la porte. Mais, juste au-dessus, est situé le logement du quartier-maître du bataillon. Par la croisée qui surplombe, une grêle de meubles, de bûches, de vaisselle pleut soudain sur les assaillants.

Cette défense improvisée procure à la garnison le temps de se réunir. En quelques minutes, la première colonne prussienne est obligée de rétrograder.

Du côté de la petite tête, l'ennemi a trouvé murée une porte de communication qu'il croyait ouverte ; elle conduisait autrefois à l'intérieur de l'ouvrage par un escalier à vis. Un factionnaire perçoit le bruit fait pour forcer la dernière entrée de la caponnière. Il donne l'alarme à son tour. Du haut du pont de la petite tête et de derrière les parapets, les coups de feu et les grenades surprennent les Allemands. Des pierres, des ferrures, des matériaux de toute sorte fondent sur eux en même temps que les projectiles. Nos soldats jettent par dessus les murs tous les objets à portée de leurs mains ; il s'en produit, en avant de la porte, un tel entassement que les Prussiens emprisonnés derrière cette barricade, n'en pouvant plus sortir, sont contraints d'attendre le jour.

Tandis que ces événements se passaient à la citadelle, une troisième colonne ennemie s'était présentée aux barrières de la ville. Des gardes nationaux étaient postés là, mais en trop petit nombre. Ils avaient résisté à outrance. Plusieurs étaient tombés frappés à mort.

Honteux de l'insuccès de leurs compagnons et ne voulant pas s'en retourner les mains vides, les Prussiens entrés dans la ville séloignent, un peu avant l'aube emmenant avec eux seize otages choisis parmi les bourgeois et les fonctionnaires, trois médecins de l'hôpital et trente militaires malades, littéralement arrachés de leurs lits.

Cette retraite ne s'opéra pas sans pertes. L'artillerie du fort fit de nombreuses victimes. On compta, le lendemain, soixante-huit voitures de morts ou de blessés convoyés par l'ennemi.

A la pointe du jour, la garnison fit une sortie. Les assaillants de la petite porte étaient toujours bloqués dans la caponnière. Ils furent faits prisonniers, au nombre de deux cent soixante-dix, dont dix officiers.

Parmi ces derniers figurait un Français, un misérable que nos soldats reconnurent. C'était un ingénieur du nom de Brunet, émigré, et qui avait, quatre ans auparavant, été au service de la place. En conduisant l'ennemi à travers des détours de fortifications qui lui étaient familiers, Brunet avait compté sans la porte murée nouvellement. Cette circonstance avait déjoué ses calculs. Le coquin fut jugé par le conseil de guerre et fusillé dans les vingt-quatre heures.

A quelque temps de là, Bitche était dégagée par le général Hoche ; les Allemands en déroute reculaient jusque vers Mayence.

Le souvenir de 1793 devait fatalement influencer les assiégés de 1870. La persistance des habitants à incriminer les allées et venues d'une lumière au fort trouve donc son excuse dans la réminiscence de cette odieuse trahison.

Les alarmistes, au surplus, ne tarderont guère à s'apercevoir de la fausseté de leurs conjectures. Avoir déterminé le point précis où se montrent les signaux, c'est déjà, pour l'opinion publique, une satisfaction. Reste à découvrir le coupable, à le surprendre en flagrant délit. C'est au commandant de la place qu'il appartient d'ordonner les recherches. Le pavillon du génie est étroitement surveillé. Deux officiers munis de pleins pouvoirs s'y présentent à l'heure où le signal lumineux a recommencé à briller. Ils pénètrent dans une première salle, complètement obscure, se précipitent vers une pièce voisine, et tombent en arrêt devant un membre du conseil de défense, assis à une table où brûle une petite lampe, et laborieusement penché sur un monceau de cartes et de plans.

Le persévérant travailleur était loin de soupçonner le trouble occasionné par son labeur. Il explique en riant comment il est obligé à de fréquents trajets d'une chambre dans l'autre pour consulter des documents.

Le mystère est donc éclairci.

Pendant les quelques journées suivantes, la ville et le camp plaisantent de l'aventure qui les a tant émus.

Ces journées s'écoulent sans que l'ennemi fasse acte d'hostilités ouvertes. Se serait-il donc livré à d'importants travaux dans l'unique intention de se garder ? L'hypothèse est inadmissible, étant donnée la solidité naturelle de l'emplacement qu'il occupe. Comment interpréter son silence, dès lors

Hélas ! la brave petite place qui s'est juré de subir sans murmure les dernières extrémités saura bientôt à quel prix s'achète la gloire et ce qu'il en coûte de faire son devoir contre un adversaire décidé à ne reculer devant aucun moyen.

IV

Troisième canonnade. — Le bombardement. — Nos artilleurs — Le capitaine Jouart, le commandant Bousquet et le capitaine Guéry. — Le feu au fort. — Poudrières. — L'incendie de la cité — Départ des impotents. — Du 11 au 20 septembre. — La fournaise — Commission municipale. — M. Lamberton. — La population et l'armée. — Traits de bravoure. — Le fond du sac.

Le 11 septembre au matin, comme dix heures achèvent de sonner à l'horloge de l'église, un coup de canon part des hauteurs de la Rosselle. Probablement un signal. Car à peine le nuage de fumée blanchâtre qui marque la place d'où est partie la détonation commence-t-il à se dissiper, qu'une ligne sanglante illumine l'horizon. Quatre batteries de gros calibre, démasquées à 2,000 mètres du château, font feu de toutes leurs pièces.

Du fort, en un instant, toutes les pièces répondent. Encore peu précis de part et d'autre, le tir acquiert bientôt une justesse meurtrière. Les coups se succèdent, rapides, haletants. Les obus ennemis tombent par centaines, et sur les parapets et sur la plate-forme du château. En vingt endroits, les constructions s'embrasent. Pendant qu'immobiles derrière leurs pièces nos artilleurs pointent et tirent, la garnison s'élance partout où les ravages de la flamme nécessitent des secours.

Vers le milieu de la journée, les Prussiens dévoilent une autre batterie ; elle prend la citadelle en enfilade et cause d'effroyables ravages parmi nos canonniers. Inébranlables à leur poste, ils se multiplient. Une contusion douloureuse empêche leur chef de marcher. On le porte. Soutenu par quatre paires de bras, le capitaine Jouart distribue ses ordres. Avec une artillerie inférieure en nombre, dominée de très haut par l'artillerie ennemie, les servants déploient des prodiges d'audace et de sang-froid.

La nuit seule met fin à ce combat violent.

Au crépuscule, le canon ennemi recommence à tonner. Son principal objectif, la veille, paraissait être un magasin à poudre mal garanti par un médiocre blindage. A chaque instant, les nôtres s'attendaient à sauter. Maintenant, les artilleurs de là-bas semblent prendre pour cible les bâtiments de l'état-major, et en particulier l'habitation du commandant de place. Ce dernier fait évacuer les registres, les archives, les effets d'équipement que renferme le pavillon. Puis, au milieu du vacarme des projectiles qui heurtent les murs et le toit, il dicte impassible, un rapport résumant les événements de la journée précédente. Les combattants qui se sont le plus distingués sont portés à l'ordre de la place. Parmi eux figurent les chefs de pièces, le servant Briffaut et un soldat. Celui-ci, pour enlever des gerbes de paille enflammées, est monté dans les combles d'un poste situé près du bastion n° 1, pendant que les projectiles ennemis s'écrasaient tout autour.

Ayant signé le document, le commandant Teyssier se retourne vers un groupe de cinq officiers qui attendent des instructions. A ce moment précis, un obus brise porte, fenêtres et fait explosion au milieu du bureau. A travers la fumée, chacun des assistants s'élance, anxieux, vers les autres : par un bonheur tout providentiel, pas un n'a été atteint. Comme ils quittent ce nid à bombes, à quelques pas devant eux un projectile éclate et tue ou blesse neuf hommes.

Dans toute l'étendue de l'étroit boyau que forme la citadelle, longue de 275 mètres et large de 40 à peine, il n'est pas un poste de combat qui ne soit un poste de péril ; il n'est pas un chef, pas un soldat qui, vingt fois par heure, n'affronte la mort.

Un service de sauvetage est improvisé, sous la double direction du chef de bataillon Bousquet et du capitaine du génie Guéry. Contre l'incendie, nos troupes n'ont plus que la terre et la sape. L'eau du puits principal est épuisée, les citernes du château sont taries. Quant à la citerne extérieure, creusée dans le fossé, elle est devenue inaccessible.

Au milieu de la canonnade qui rugit, des débris qui volent de toutes parts, un détachement veille sur les glacis de la citadelle. Il répare les brèches, durant les rares intervales où le ralentissement du feu le permet. Les cent vingt hommes qui composent ce groupe appartiennent au 27e de ligne; ils se sont retrouvés parmi les isolés du camp. Leur nombre a permis de les réunir sous les ordres du capitaine Morlet. Lui-même a sollicité la place exposée qu'il occupe.

Tout à coup, une conflagration bien autrement périlleuse que les précédentes se déclare. Un bâtiment de la grosse tête du fort est en feu. Le sous-sol de cette construction renferme douze mille kilogrammes de poudre. Mais ce n'est pas seulement la grosse tête avec ses annexes qui sont menacés. Dans un magasin presque contigu est amoncelée une énorme quantité de poudre, — quarante mille kilogrammes environ. Tout le monde se dévoue. Par un immense effort, on parvient à limiter le désastre aux murs extérieurs. Au dedans, on profite des accalmies pour déblayer les cours, les passages, pour réparer les affûts brisés, pour blinder les embrasures. Les parapets sont entamés, plusieurs de nos pièces démontées, les coups de notre artillerie deviennent plus rares. Il faut que les énergies se haussent au niveau du danger. Auprès des membres du conseil de défense, le capitaine Raveine, du 86e de ligne, avec ses intrépides auxiliaires, le sergent Bouet et le gardien de batterie Hamann ; l'adjudant Wilhem, du même régiment ; les lieutenants Lebon, Mondelli, Hardy, de Nonancourt, Cassaigne, se font remarquer au premier rang. Le lieutenant Cassaigne est grièvement blessé, à côté d'un caporal qui tombe mort sur lui.

Le soir arrive. Les nôtres s'attendent à voir, comme la veille, le feu de l'ennemi cesser. Il cesse un instant, en effet. Mais il reprend avec une recrudescence de fureur : il est dirigé, cette fois, principalement contre la ville. Des obus incendiaires sont lancés sur l'arsenal. L'arsenal se relie à angle droit au poste de l'état-major. D'immenses gerbes de flammes enveloppent ces deux bâtiments. Au loin, sur le plateau de Sarreguemines, on entend les hurras frénétiques des Bavarois. Les hauteurs isolées se peuplent d'habitants. Ils contemplent, navrés, ce spectacle de désolation. L'assiégeant renforce son tir, décidé à mettre obstacle à tout essai de sauvetage.

Déjà on avait tenté une démarche pour épargner à la population les horreurs d'un bombardement. Une châtelaine des environs, Mme de Turckheim, s'était rendue auprès du commandant des troupes assiégeantes, avait fait appel à ses sentiments d'humanité. Mais à quoi bon implorer la pitié du chef ennemi? Il avouait hautement compter sur la ruine et sur la mort des habitants pour forcer Bitche à se rendre.

Le 13 septembre, le maire de la ville accourt, tout bouleversé, supplier le commandant Teyssier de solliciter une suspension d'armes. Elle permettrait aux impotents, aux enfants et aux femmes de sortir.

Cédant aux supplications du vieillard, le commandant envoie le capitaine Lesur et l'officier d'administration Schmitt, transmettre la demande au colonel Kollermann.

— Si c'est tout ce que vous désirez de nous, répond le signataire de la sommation du 22 août, vous n'avez qu'à vous retirer: nous allons recommencer le feu.

Une exclamation d'angoisse accueille le retour de nos envoyés. Le maire adjure le commandant de place de laisser sortir, à leurs risques et périls, les habitants inutiles à la défense. La nature du sol tortueux, coupé, haché, permettra peut-être de rencontrer quelque issue gardée imparfaitement. Le commandant, le cœur serré, accède à ce vœu. Une partie de la population se précipite vers les portes; le maire, d'autres autorités civiles que le devoir eût dû retenir parmi leurs administrés, plusieurs prêtres suivent le torrent. Ces gens se répandent dans la campagne. Aux avant-postes bavarois, les soldats, moins cruels que ceux qui les commandent, n'osent faire feu sur des femmes, sur des vieillards terrifiés. Leur foule disparaît bientôt au delà des collines.

D'une population de 2,700 âmes, il reste dans Bitche moins d'un millier d'habitants; parmi eux 269 hommes, dont 119 seulement sont valides.

Au fond, le commandant de la place ne saurait regretter l'absence des personnes dont la débilité de corps et d'esprit eût pu devenir une cause d'embarras. Il nomme une commission municipale formée de MM. Eusèbe Mauss, Mathias Mangis, Jacques Muller, Jean-Baptiste Staub, Mayer, Faber, Thomson, Christophe Steiner, Jacques Staub, Pasquin, Laurent et Nicolas Rémi. Cette commission est placée sous la présidence du brasseur Lamberton. L'estime et la confiance de ses concitoyens proclament les hautes qualités de ce patriote. Il a pour adjoint M. Maurer, principal clerc de notaire; pendant qu'à l'un échoit la partie active de l'administration, l'autre s'occupera plus spécialement des écritures.

A la tête du service religieux, enfin, est placé M. l'abbé Guépratte, directeur de l'institution-collège de Bitche, transformée, dès l'origine, en ambulance.

Ces modifications administratives ont pu être accomplies en quelques heures. Dès lors, et pendant les huit journées et les huit nuits qui vont suivre, un spectacle lamentable se déroule entre les murailles de la cité.

Bitche n'est plus qu'une vaste fournaise.

Le sifflement des obus qui attisent l'incendie, le craquement des charpentes que dévore la flamme, le sourd effondrement des maisons croulant au milieu du brasier, l'affolement des habitants qui cherchent un refuge au dehors, ou courent, demi-nus, s'abriter dans les caves ; les cris des mères, les gémissements des petits êtres qu'elles pressent sur leur sein ; le crépitement de la fusillade, le grondement incessant du canon, toutes ces terreurs, tout ce fracas, toutes ces épouvantes emplissent l'air et montent, emportés dans le tourbillon dévorant qui fait à la ville comme une toiture de feu.

Et quand le fléau dévastateur a consommé son œuvre ; quand la cité est devenue un monceau de ruines, — cent trente maisons réduites en cendres, cent autres à demi-consumées ; — quand le fortin du camp retranché ne représente plus guère qu'une protection illusoire ; quand là-haut, sur ce rocher réputé imprenable, il ne reste plus debout que le courage des assiégés :

— Rendez-vous ! ordonne encore l'ennemi.

— Jamais ! réplique le commandant Teyssier.

Retracerons-nous les péripéties de ces terribles journées ? Dirons-nous l'abnégation, les sacrifices, qui confondaient dans une sublime étreinte la population et l'armée ? L'une et l'autre avaient pour guide l'exemple des chefs : au fort, l'opiniâtre commandant Teyssier ; dans la ville, le digne M. Lamberton

Ces deux hommes étaient comme l'écho l'un de l'autre. A l'intrépidité du soldat répondait l'énergie de l'administrateur ; l'héroïque confiance du chef militaire se complétait de la foi inébranlable du fonctionnaire civil.

Sur la plate-forme du château, le commandant était partout à la fois, se montrant de préférence aux endroits les plus exposés, électrisant par son audace calme, raisonnée, pour ainsi dire, les défenseurs qui, à ses côtés, rivalisaient d'ardeur et de résolution. Parfois, son mépris du danger allait jusqu'à la témérité.

Un trait, parmi vingt autres.

Un soir, — c'était à l'heure du dîner, — il fallait, pour gagner le *mess*, traverser un espace découvert contre lequel le canon ennemi faisait rage. La place était criblée de fer et de feu. Les plus courageux, hésitant à défier cette avalanche, paraissaient préférer attendre une embellie.

Tranquille et souriant, le commandant Teyssier s'avance. D'un pas assuré, il franchit les premières enjambées. Tout à coup il s'arrête, chancelle et roule dans la poussière : un obus vient de faire explosion presque à ses pieds. Les compagnons d'armes du valeureux Teyssier s'entre-regardent, prêts à venger le chef dont aucun n'ose mettre en doute la mort.

Cependant, après être restée quelques secondes immobile, la victime fait un mouvement. Un instant s'écoule encore, pendant lequel les bombes viennent, avec un fracas de tonnerre, s'aplatir tout autour de son corps. Enfin, le commandant se redresse, le visage noir de poudre, les vêtements souillés de terre ; d'un bond il est sur pied, et alors, d'une voix que n'altère pas la plus légère émotion :

— Eh bien ! messieurs, on renonce donc à dîner ce soir ?

Et le gouverneur de la place, miraculeusement épargné, reprend sa route vers la pension.

Dans la cité, M. Lamberton accomplissait une tâche surhumaine, veillant à tout, prévoyant tout, trouvant remède à tout, et déployant dans son zèle une modestie si rare qu'elle doublait le prix de ses actes.

Ce grand vieillard intelligent et bon avait sur la population un sérieux ascendant moral. L'obéissance à chacun de ses ordres était absolue. L'abbé Guépratte et un autre ecclésiastique, M. Guérin, le secondaient dans sa tâche, courant, au grondement de la canonnade et à la lueur de l'incendie, prodiguer leurs secours aux blessés, relever le moral des irrésolus. Les femmes aussi, montraient un stoïcisme et une générosité au-dessus de tout éloge. Rien ne les arrêtait dans leur consolante mission. Partout où il y avait une misère à soulager, on était sûr de rencontrer l'une de ces créatures admirables. Une épidémie de variole et de typhus s'était déclarée en plein bombardement; dans toute épouse, dans toute jeune fille, s'était révélée soudain une sœur de charité. Si les victimes de ce nouveau fléau furent relativement peu nombreuses, le mérite en revient au concours que les femmes de tout âge et de tout rang apportaient sans marchander aux excellents docteurs Schefflein et Lagarde.

Entre toutes se distinguait Mme veuve Lauza, femme d'une énergie virile, qu'aucun obstacle ne rebutait. Mme Lauza était, au début de la campagne, préposée aux transports de la guerre. Déjà, en cette qualité, elle s'était acquis un renom d'activité infatigable. Jamais une difficulté ne l'avait arrêtée, même dans les moments où régnait dans les services le plus complet désarroi. L'intendance était affolée; les employés, écrasés de travail, ne savaient où donner tête; les moyens de locomotion restaient insuffisants; malgré les réquisitions de charrois, le matériel manquait; on cherchait vainement des chevaux, des voitures... Alors, Mme Lanza, intervenait :

— Combien faut-il de fourgons ? Quelle quantité d'attelages?

Et elle se chargeait de tout; et, à l'heure indiquée, attelages et fourgons étaient prêts. Cette infatigable possédait le génie de l'organisation. Sa coopération devait être précieuse aux heures difficiles que traversait la ville bombardée.

Evacuer les maisons au milieu de l'incendie qui gagnait de porte en porte, des projectiles qui se succédaient sans relâche, c'était, on le conçoit, une rude besogne. La plupart des réfugiés avaient trouvé place dans les souterrains des bâtiments militaires : les habitants de la classe pauvre, surtout, avaient dû recourir à ce parti : deux cents d'entre eux avaient pour séjour les caves des magasin aux vivres. Mais quel labeur que d'arracher à leurs demeures certains de ces infortunés !

Les uns, se refusant à croire à l'étendue du désastre, n'abandonnaient qu'à regret le peu qu'ils possédaient ; d'autres, cloués au lit, impuissants à se mouvoir, étaient menacés de périr dans les flammes.

Quels drames sinistres et aussi quels nobles dévouements !

On avait vu le sergent Lour, du 61e de ligne, s'élancer à travers un bâtiment où venait de se déclarer l'incendie, pour ramener un varioleux incapable de marcher.

Le soldat Roumaux, du 14e d'artillerie, avait enlevé d'une maison en feu une pauvre mère récemment accouchée et à laquelle son mari, blessé, ne pouvait porter secours.

Un maréchal-des-logis du 3e régiment du train des équipages, Bourgeois ; un sergent-major du 30e de ligne, Ernau, recevaient, pour leur belle conduite, l'hommage public de la reconnaissance des représentants de la municipalité.

Un boulanger, M. Pierné, retirait des caves obstruées par les décombres calcinés des maisons deux familles que menaçait l'asphyxie. M. Pierné distribuait du pain aux indigents. Ils recevaient gratuitement de la viande que leur délivrait un autre citoyen. Celui-ci était conducteur des ponts et chaussées; avec deux gardes généraux des forêts, MM. Greff et Berveiler, il avait participé, avant l'investissement de la place, aux travaux défensifs exécutés au dehors, dans un rayon de plusieurs kilomètres.

Un vieillard de soixante-quatorze ans, le vénérable docteur Calvet, médecin de la douane, se prodiguait au chevet des malades. Ancien chirurgien militaire, revenu à Bitche, son pays natal, pour y jouir de sa retraite, M. Calvet avait repris le dur métier de la guerre dès le début du blocus. Il venait d'assister, du haut du fort, à la destruction par les flammes de la maison à laquelle étaient attachés tous ses souvenirs de famille.

Bitche dut aussi des services importants à MM. Blanchet, Perrin, Landre, et aux hardis sauveteurs qui, au plus fort de la canonnade, risquaient leur vie pour circonscrire l'incendie : Paquin, Jean Caron, Pierre Blaise, Lolivier, le facteur rural Reichel, le père et les deux fils Coulon.

Mais la liste serait longue des noms qu'il nous faudrait citer, si nous pouvions songer à désigner ici, autrement que par une mention en bloc, tous ceux dont les cœurs et les bras coopéraient à l'œuvre défensive. Le bombardement de la ville n'avait pas été seulement inattendu. On le considérait comme un témoignage de la férocité de l'assaillant. Les assiégés ignoraient que la destruction des cités, la ruine et le meurtre des habitants fissent partie de la tactique prussienne. Les obus tombés sur les hôpitaux et les ambulances, la nécessité de transporter les malades dans d'humides sous-sols, ne leur apparaissaient que comme une monstrueuse épreuve, exceptionnellement infligée par un ennemi irrité d'une résistance qu'il n'avait pas prévue.

Cet ennemi, cependant, avait su choisir son but et envoyer ses projectiles aux endroits propices : un misérable faubourg est la seule portion de la ville qu'ait épargnée son artillerie.

L'après-midi du 20, un ralentissement sensible se manifeste dans le feu des batteries adverses. Les obus arrivent plus rares. Quelques-uns, même, n'arrivent pas. Lancés avec des charges insuffisantes, ils s'incrustent dans le sol en avant des remparts.

— Les Prussiens n'ont plus de poudre, disent nos soldats en riant, que n'en viennent-ils chercher ici!

Des artilleurs du château dévissent quelques bombes tombées autour d'eux sans éclater; ils les trouvent remplies d'un mélange de terre et de poudre éventée : — « le fond du sac », assurent-ils.

V

Dix mille assiégeants et vingt mille obus. — Après dix journées. — Offres et demandes. — Les privations. — Audace campagnarde. — L'homme au sel. — Entreprise de ravitaillement. — Un complot heureux. — La franc-maçonnerie du patriotisme. — Patrouilles déçues. — La porte de Phasbourg.

Il est donc vrai que les Allemands ont consommé leurs munitions, que leurs pièces sont hors de service? — A quel parti vont-ils s'arrêter?

— Je prendrai Bitche en cinq jours, avait affirmé superbement, en se mettant en campagne, M. le colonel Kollermann, sous les ordres de qui *travaillent* les 10,000 Wurtembergeois et Bavarois qui assiègent la place.

Il y a dix fois vingt-quatre heures que Bitche est bombardée sans répit, les Allemands ont jeté dans la place 20,000 obus; ils ne sont pas, néanmoins, parvenus à avancer d'un millimètre. M. Kollermann, en tant que bombardeur, paraît avoir usé son crédit : par ordre supérieur il devra se borner à observer la citadelle qu'il n'a pas réussi à vaincre. Peut-être la famine amènera-t-elle le résultat refusé par le bombardement. Peut-être aussi, n'ayant pu écraser ceux de Bitche « comme dans un mortier », l'assaillant a-t-il le droit d'espérer qu'il s'emparera d'eux par la ruse.

Pendant que, dans le fort, on travaille à déblayer les décombres, à raser les constructions entamées, à réparer les affûts; pendant que l'on compte les morts, qu'on panse les blessés, qu'on réédifie les ambulances, que l'on réorganise la garde nationale, que l'on met les armes en état et les poudres en sûreté, l'ennemi abandonne ses positions et va s'établir en arrière, dans deux campements : l'un à une lieue au sud de Bitche, près d'un ravin profond, la Schwangerbach; l'autre à six kilomètres vers l'est, sur la limite des deux versants des Vosges, au point de séparation des eaux, non loin du village d'Egelshardt.

De ces emplacements, ses troupes rayonnent autour de la citadelle, exerçant plus spécialement leur surveillance vers les routes qui communiquent avec l'intérieur du pays.

Le 22 septembre, un parlementaire est conduit devant le commandant Teyssier. En un pareil moment, que peut vouloir un parlementaire? Celui-ci est chargé d'un paquet et d'une dépêche. La dépêche demande un adoucissement au sort des prisonniers que la destruction du château a forcé de réléguer dans les caves ; le paquet renferme des journaux.

Le porteur s'éloigne, nanti de cette réponse laconique :

Monsieur le commandant,

J'ai l'honneur de vous accuser réception, etc.

Je ne puis accepter les journaux, je l'ai déjà fait dire.

Quant aux prisonniers allemands, c'est pour les soustraire à vos coups que je les ai fait transférer dans des casemates.

Je leur ferai prendre l'air dès que cela sera possible, mais ils doivent rester au château.

Le commandant de la place,

TEYSSIER

Au milieu des ruines fumantes et des débris informes jonchant le sol où fut Bitche, des familles qui errent sans asile vont être bientôt sans pain. L'incendie a dévoré une partie importante des provisions que renfermait la ville. Le régime alimentaire des troupes s'est composé, dans les dernières journées, de viande de bœuf et de cheval, alternativement. Quelques vaches et quelques moutons, qui restent encore, sont réservés pour les hôpitaux. Le vin et le tabac manquent totalement.

Des privations commencent à se faire sentir.

Cette situation appelle toute la sollicitude du commandant de la place. Le sort de la ville et celui de la citadelle étant liés l'un à l'autre, il importe que la subsistance de la population soit assurée au même titre que celle de l'armée.

Mais comment ravitailler une forteresse cernée d'aussi près par l'ennemi?

Certes, la difficulté était grave. Il y avait quelque présomption à compter introduire dans la place les approvisionnements dont la possession devait assurer à sa résistance une durée indéfinie.

Une circonstance, toutefois, permettait d'envisager, sans l'entourer de trop d'appréhensions l'impérieuse nécessité que créaient les conjonctures. Un jour, au moment même où le canon prussien tonnait avec le plus de fureur, un homme des environs s'était présenté à l'une des portes de la ville. Qui était-il? D'où venait-il? Quel mobile l'avait poussé à courir les hasards d'une telle entreprise? Comment avait-il réussi? Arrêté par nos sentinelles, cet homme, tout d'abord, s'était fait reconnaître. Quelques habitants, divers fonctionnaires desquels il se recommandait, s'étaient portés garants pour lui. Son nom volait de bouche en bouche, parmi cette population abandonnée, chez laquelle un pareil trait d'audace ne pouvait rencontrer que l'admiration.

Ce hardi paysan, — appelons-le d'un nom de convention, Jaurin, pour ne point exciter contre lui les rigueurs rétrospectives de l'autorité allemande, — ce hardi paysan habitait un village à neuf kilomètres de Bitche. Les horreurs du bombardement auquel il assistait de loin l'avaient ému. Il s'était demandé à quel genre d'assistance il pourrait s'employer en faveur de la cité dont, fût-ce au prix de sa vie, il était résolu à alléger les maux.

Un semblable projet devait paraître insensé. Pour Jaurin, il n'était que d'une réalisation difficile. Rompu de longue date à tous les embarras d'un parcours dans ces terrains montagneux, connaissant à merveille la structure du sol, sachant par expérience à quel point sa configuration tourmentée peut favoriser des marches de jour et de nuit effectuées secrètement, le rude enfant des Vosges n'avait pas reculé devant les risques d'un voyage périlleux.

Il avait appris par ouï-dire cette particularité, signalée au début de notre récit, que Bitche se trouvait insuffisamment pourvue de sel; il n'ignorait pas quelle influence funeste la privation d'un aussi indispensable condiment devait exercer sur la nutrition des assiégés ; il lui sembla, dès lors, que le plus utile service à rendre à ceux-ci était de leur apporter du sel.

Un matin, il s'était mis en route, chargé de son précieux fardeau, — se dissimulant de son mieux, déjouant par mille ruses la circonspection de l'ennemi, évitant ses patrouilles, tournant ses avant-postes, avançant à marches forcées sous le couvert des forêts, rampant péniblement en plaine, glissant au fond des ravins, disparaissant, au moindre bruit, dans le creux d'un buisson ou dans l'anfractuosité d'une roche, décrivant des courbes savantes qui ne l'éloignaient du but que pour l'en rapprocher ensuite plus sûrement, s'orientant loin des routes, à travers des sentiers à peine pratiqués, — jusqu'à l'heure bénie où, abrité enfin sous le feu de la place, il n'avait plus eu qu'à se nommer pour être accueilli en bienfaiteur.

Le bonheur d'une pareille aventure, si vaillamment conçue et si habilement conduite, n'était qu'une démonstration bien incomplète du succès futur de tentatives combinées d'après le même plan. Un avantage incontestable en résultait pourtant et un principe triomphait. Bitche n'était pas inaccessible.

Déjà le fait avait pu être constaté aux premiers jours de septembre, alors, il est vrai que les obstacles à vaincre pour aborder la place étaient infiniment moins sérieux.

A cette époque, des soldats isolés, coupés de leurs communications ou rejetés loin des champs de bataille, — artilleurs sans canons, cavaliers sans montures, fantassins sans fusils, — étaient parvenus à pénétrer dans Bitche, grâce aux déguisements prêtés par des paysans qui, à travers les ravins et les bois, les avaient guidés vers la citadelle. Dans la seule journée du 4 septembre, six d'entre eux avaient réussi à entrer ; ils avaient, depuis Reischoffen, rôdé au hasard, errant à la recherche d'un point de ralliement. Par eux, on avait su les péripéties du combat et les angoisses de la déroute ; quant à ce qui s'était passé depuis, ils n'avaient pu en rien dire : leurs souvenirs s'arrêtaient là.

Ainsi, sous la pression des circonstances, une question se posait nettement : était-il permis de compter, toute part faite à la notion spéciale des localités et aux subterfuges ingénieux qui donneraient à nos combinaisons l'appoint de certaines chances favorables, était-il permis de compter, disons-nous, que des vivres pourraient être amenés dans la place en quantités assez considérables pour compenser les risques à subir ? Avec une assurance qui devait inspirer la foi aux moins crédules, Jaurin se prononçait affirmativement.

C'est conséquemment à Jaurin qu'on aura recours tout d'abord pour s'approvisionner. On passe avec le hardi fournisseur un marché de farines, de sel, de sucre et de bétail. Inutile de penser à se procurer ces marchandises dans les environs immédiats. Les réquisitions ont épuisé le territoire; défense est faite, en outre, aux habitants de livrer aux Français aucune de leurs denrées. Toutes ces difficultés, Jaurin se fait fort de les vaincre. Il quitte Bitche comme il était venu, court les campagnes jusqu'à la frontière, prêchant la croisade du ravitaillement, et signant à son tour des traités avec plusieurs entrepreneurs.

Des villages limitrophes, principalement de Liederscheidt, nos paysans se répandent en Bavière. Ils vont de ville en ville, achetant du bétail, des sucres, des farines, qui sont supposés devoir réapprovisionner leurs localités. Ils répartissent ces acquisitions de façon à en former une immense colonne. De la frontière, où l'alimentent sans cesse de nouveaux arrivages, elle s'allonge dans la direction de Bitche, jusqu'aux points extrêmes qu'il serait impossible de dépasser sans éveiller les défiances de l'ennemi.

Il ne s'agit plus que de faire franchir aux rations l'espace qui sépare de la ville les points de groupement.

Alors, avec l'intelligent concours des campagnards du canton, que récompensent de fortes primes, un vaste système de contrebande étend son réseau sur le pays. Des chariots de victuailles, des troupeaux de bœufs sillonnent les chemins dans toutes les directions. Le conducteur exposé à rencontrer une ronde étrangère a sa réponse invariablement prête : la cargaison qu'il amène est destinée à la ferme, au hameau ou au bourg le plus voisin du lieu où il sera surpris. Pour compléter la vraisemblance, certains convois tournent le dos à Bitche, guettant le moment de revenir sur leurs pas.

L'ennemi observe toutes les routes; mais son attention se porte plus directement sur celles d'où pourraient nous arriver quelques renforts. Ses reconnaissances passent, de ci, de là, à intervalles indéterminés : Dès que la reconnaissance s'éloigne c'est l'heure d'agir, on s'empresse.

Aussi, nos pourvoyeurs sont-ils tenus d'être constamment en haleine. A eux de saisir l'instant, de calculer leurs évolutions et de s'élancer vers la ville bloquée, en narguant au passage les écriteaux sur lesquels les Allemands proclament, en deux langues, que tout individu coupable d'approvisionner nos soldats encourt la peine de mort.

Le canton entier appartient au complot ; une sorte de franc-maçonnerie unit dans ce mystère les habitants de toute caste, depuis l'humble cultivateur jusqu'au fastueux châtelain. Au moindre danger, l'on s'avertit. Un mot, un geste, un clignement d'yeux suffisent. Les filles, les sœurs, les petits des paysans sont apostés au coin des bois, tapis dans les sillons, à l'affût derrière un repli de terrain. Un espace est-il libre, une voie est-elle ouverte...? vite, une des vigies annonce la nouvelle; les véhicules s'ébranlent, les bestiaux partent au trot. On se hâte, on brûle le chemin, on enlève les hauteurs, on dégringole les pentes, la caravane arrive en vue de la place ; elle s'y engouffre à pleine vitesse.

Quelques secondes de plus et l'on était trahi. Au détour de la route, résonne le pas pesant d'une patrouille allemande. Mais le convoi a passé, le site est désert.

Aux abords de la ville, les factionnaires sont avertis ; jour et nuit, l'on est prêt à recevoir les chargements de vivres, non sans avoir soigneusement dévisagé leurs conducteurs, tous gens connus et sûrs. Des délégués de la commission municipale sont préposés à ce service. C'est principalement par la porte de Phalsbourg que s'effectuent les entrées ; ordre est signifié aux sentinelles de la tenir ouverte à peu près en permanence et de ne faire feu qu'à bon escient.

Fréquemment cette porte donne accès à des fermiers des environs qui viennent, en s'entourant de mille précautions, fournir une indication sur les mouvements de l'adversaire, révéler un détail utile à la défense, rapporter un épisode dont ils ont été témoins. Des femmes aussi se présentent, insoucieuses du péril, fières de coopérer à la tâche commune. Des élégantes, sans souci des longues distances à parcourir, en voiture parfois, à pied le plus souvent, se vouent à ce rôle d'espions volontaires avec une incroyable ardeur. C'est pour la patrie, c'est pour le salut.

VI

Octobre. — Petites expéditions. — Avantages et inconvénients. — La défensive. — Le Hohekopf. — Sinistres rumeurs. — Autre parlementaire. — Aubaines — Les roueries de la poste aux lettres. — Nos envoyés secrets — Une folle. — Faux cuirassier. — Exécution.

Vers la première semaine d'Octobre, certains renseignements puisés à ces diverses sources déterminent des préparatifs de sortie.

Aussitôt entreprises que décidées ces modestes expéditions sont couronnées d'un plein succès.

Tantôt c'est une petite colonne qui va explorer les hauteurs de la Rosselle, s'assure qu'il n'y reste plus de canons, refoule les avant-postes de l'ennemi, brûle les gourbis et les haies qui dissimulent ses embuscades et rentre après quelques heures de combat. Tantôt c'est une compagnie qui se déploie dans la direction, soit de la ferme du Hasard, vers la route qui mène à Wissembourg, soit de la Cense aux Loups, sur le chemin de Phalsbourg, pour incendier ces constructions qui abritent les tirailleurs allemands. Tantôt, enfin, ce sont des volontaires qui vont mettre le feu à la ferme de Freudemberg, refuge nocturne des détachements pillards des environs. La ferme de Freudemberg, à trois kilomètres de la place, sur la route de Sarreguemines, est cachée par des éminences que nos hommes gravissent au pas de course. Moins d'une heure après leur départ, des flocons de fumée tourbillonnant à l'horizon indiquent aux sentinelles du château la réussite de l'opération.

Mais s'ils ont le mérite de tenir la garnison en haleine, ces faibles avantages offrent l'inconvénient grave de forcer l'adversaire à un qui-vive incessant. Ses patrouilles deviennent plus fréquentes, ses cavaliers se montrent plus près de la place; chacune de nos sorties provoque un resserrement du blocus.

Or, en l'état, il existe pour nous un intérêt qui prime tous les autres : maintenir nos communications avec l'extérieur, poursuivre le labeur du ravitaillement, posséder toujours en avance cent journées de vivres assurées, augmenter par tous les moyens, les chances de durée de la résistance. Les deux mille hommes de Bitche peuvent-ils aspirer à marcher au secours des armées nationales, se jeter tête baissée dans une série de combats en rase campagne? Ont-ils le droit de prétendre repousser les hordes étrangères, de délivrer l'une ou l'autre de nos villes assiégées ? Leur rôle est plus modeste, ils le savent ; mais ils n'ignorent pas que, dans son humble sphère, il peut avoir aussi sa gloire et ses périls. Leur petit nombre et l'exiguïté des ressources dont ils disposent leur interdisent le projet, un instant caressé, d'aller surprendre l'adversaire dans les lointains cantonnements de la Schwangerbach et d'Egelshardt où se sont retranchés ses bataillons. Il est donc résolu, en conseil, qu'on se renfermera dans une immuable défensive ; on se gardera sévèrement, on surveillera avec soin les hauteurs circonvoisines, l'une d'entre elles surtout, le Hohekopf, vers laquelle, à plus d'une reprise, se sont tournées les préoccupations du commandant de la place.

Le Hohekopf, nous l'avons vu, domine de trois cents pieds le château de Bitche. De cet emplacement, quelques batteries foudroieraient en peu d'heures la citadelle, impuissante à riposter par son feu. Mais l'ennemi a reculé sans doute devant les difficultés d'une ascension qui exigerait, pour le transport des pièces à longue portée, des travaux considérables et un énorme matériel. Les grands froids commencent à sévir. Bientôt le Hohekopf aux sommets neigeux disparaîtra sous une couche de givre, et ce pic inaccessible ne se dressera plus comme une menace redoutable pour les nôtres, mais comme une impossibilité invincible pour l'assaillant.

Quelques journaux sont parvenus dans la place par l'intermédiaire des convoyeurs de denrées. Affligeante lecture que celle de ces feuilles. Pour tout encouragement, elles apportent aux assiégés l'écho de nos désastres. L'armée que commandait le neveu de Napoléon Ier s'est rendue prisonnière à Sedan... Paris est investi... Strasbourg a succombé... Chacune de ces nouvelles jette l'accablement dans les âmes. Mais à quoi bon se lamenter ? L'avenir ne peut-il réparer les catastrophes du présent?

Lorsque, le 7 octobre, un nouveau parlementaire est annoncé dans la place, le commandant Teyssier, impatienté de la persistance de l'ennemi à provoquer des pourparlers, charge le lieutenant Mondelli, son adjudant de place, de répondre pour lui.

— Vous connaissez mes intentions, lui dit-il, je vous confère pleins pouvoirs ; faites entendre une bonne fois que toute démarche est inutile : nous ne nous rendrons pas.

Mais ce n'est plus de reddition que vient traiter le parlementaire. Sa mission, en cette occasion, a une signification nouvelle.

Il est porteur de deux dépêches.

L'une, du chef de l'armée assiégeante, demandant contre échange l'élargissement des deux journalistes allemands, est accueillie par un refus. Ces détenus sont trop familiarisés avec la situation intérieure de la place pour qu'on méconnaisse le danger qu'il y aurait à les laisser rejoindre leurs compatriotes.

L'autre dépêche émane du général de Failly ; elle est datée de Mayence, où il est captif. Le général réclame sa calèche, son fourgon, ses chevaux, ses bagages et ceux de ses aides-de-camp, abandonnés dans la rapidité du départ du 5e corps. Il est fait droit à sa requête.

Sur le point de s'éloigner, l'officier allemand se ravise il a à s'acquitter encore d'une mission verbale, explique-t-il :

— Le colonel Kollermann n'est plus à notre tête ; le chef qui le remplace dans son commandement, animé de très bienveillantes intentions, octroie aux habitants de Bitche la faculté de procéder à la récolte des pommes de terre; il permettra, aussi, que des lettres sortent pour être, par notre entremise, expédiées à l'intérieur du pays.

Cette double aubaine ne pouvait arriver plus à propos. Depuis quelques jours, précisément, des maires de petites localités environnantes sont en instance auprès de la place pour obtenir le droit de récolte ; à la réponse favorable qu'ils ont emportée, il ne manquait que la sanction de l'autorité prussienne. En ce qui concerne la correspondance, toutefois, le commandant Teyssier ne saurait témoigner une aussi large condescendance : l'autorisation qu'il accorde doit se limiter strictement aux lettres adressées aux prisonniers français en Allemagne, lesquels, à leur tour, pourront transmettre des nouvelles aux familles de leurs camarades.

La prudence exige que l'on prévoie le cas où l'obligeance germanique dissimulerait l'espoir de surprendre quelques-uns de nos secrets. Il est donc résolu, d'un accord unanime, que toute allusion aux événements militaires sera exclue de nos envois « Je me porte bien » ou « Tenez-vous en bonne santé », telles seront à peu près, pour ne rien compromettre, les formules de nos relations épistolaires avec le dehors.

D'ailleurs, si l'ennemi s'offre à expédier nos lettres, il ne s'est point engagé à nous transmettre de réponses. Les anxiétés de la séparation, l'inquiétude des officiers et des soldats touchant le sort de leurs parents subsisteraient tout aussi vives, si cette lacune, déjà, l'ingéniosité des assiégés n'avait réussi à la combler. Le hasard, père de tant de découvertes utiles, s'est chargé de les mettre sur la voie d'un stratagème dont l'expérience confirme de mieux en mieux le succès.

M. l'inspecteur Narrat a pu recevoir clandestinement, d'un employé des bureaux de la douane réfugié à Luxembourg, des fragments de journaux et une lettre. Cet ami avait expédié lettre et journaux à un habitant de Schweicks, bourgade bavaroise qui confine à la frontière, à douze kilomètres de Bitche.

Dès cet instant, Schweicks est devenu le pivot sur lequel se meut tout un système de correspondance imaginé par nos officiers.

Grâce au concours intelligent et sagace d'un ouvrier de Bitche, il n'est pas de semaine où un paquet ne sorte de la place pour être remis à un bourgeois de la petite ville de Liederscheidt, située sur la limite des deux pays, en territoire français. Dévoiler leurs noms véritables serait une indiscrétion peut-être fatale à ces braves gens, restés dans la contrée. Nous appellerons donc l'ouvrier Petit-Jean, et le bourgeois M. Pierre, quelque regret que nous ayons à ne point révéler d'une façon plus transparente des personnalités aussi dignes d'être signalées.

Liederscheidt, en France ; Schweicks, en Bavière, ne sont guère séparées que par la ligne de la frontière. De Liederscheidt, M. Pierre, exhibant au passage un sauf-conduit permanent, va jeter ses lettres à la poste de Schweicks. Chacune est placée sous double enveloppe; l'enveloppe extérieure porte l'adresse d'un correspondant préalablement averti, soit en Belgique, soit en Luxembourg, soit en Suisse; l'enveloppe intérieure désigne le destinataire réel en France, auquel, de Suisse, de Luxembourg ou de Belgique, le pli sera réexpédié.

Le même procédé est mis en œuvre pour les réponses. Les plis adressés de France aux correspondants extérieurs rentrent en France par Schweicks, où le bourgeois de Liederscheidt les retire à la poste restante. M. Pierre remet à Petit-Jean les colis. Le facteur improvisé réussira à les transporter sains et saufs jusqu'à Bitche. Petit-Jean parvient à son but, parfois en usant des subterfuges employés par Jaurin pour l'introduction des vivres, parfois en jouant le mendiant auprès des Bavarois. Ils le voient sans penser à mal parcourir le pays, portant sur le dos un bissac dans lequel il entasse les restes recueillis de la charité des payans. Jeu dangereux, l'intrépide ouvrier en a conscience, et qui l'amènerait tout droit en face d'un peloton d'exécution, si l'ennemi découvrait sa ruse Mais pour la cause nationale, lequel d'entre les fils de cette terre si française ne serait prêt à verser son sang !

De leur côté, quelques officiers employaient un émissaire secret qui, à deux reprises, moyennant 150 francs par voyage, consentit à porter des messages jusqu'à Rambervilliers. On devait à un Lorrain, M. Blanchet, de connaître cet homme. L'émissaire de Bitche s'était chargé de la première dépêche par laquelle le commandant de la place put faire parvenir en France des nouvelles de la garnison.

L'ennemi, cependant, ne voit rien. Serait-ce de sa part une feinte ? Compterait-il, par une confiance simulée, engendrer chez nous la confiance ? Ses calculs, en ce cas, manqueraient de précision ; car plus l'apparente sécurité où nous laissent les Allemands est complète, plus de notre côté, on déploie de vigilance. D'un pareil adversaire un bienfait même est à redouter. C'est ici le lieu de repousser toute supposition d'une convention tacite entre belligérants, convention en vertu de laquelle Bitche aurait pu sans obstacle retarder l'échéance fatale de la reddition.

Il nous paraît difficile de préciser les motifs qui, à certains moments du blocus, ont pu déterminer un relâchement de la part de l'assaillant. Mais il est un point hors de doute : c'est qu'en aucun temps et sous aucun prétexte, l'assiégé ne s'est départi de la sévérité que lui imposait son rôle.

Des ordres réitérés du commandant Teyssier prescrivaient aux chefs de pièce de faire feu chaque fois que le moindre groupe ennemi s'avancerait à portée. C'est parce que, en nulle circonstance, cette consigne n'a fléchi, que les écrivains d'outre-Rhin s'accordent à reconnaître dans le siège de Bitche un insuccès.

L'événement qui va suivre prouvera, au surplus, que l'adversaire avait de sérieuses raisons pour s'efforcer d'endormir notre vigilance.

On avait remarqué, mêlés aux hardis pionniers dévoués à l'entreprise du ravitaillement, certains visages douteux. On a aperçu depuis, autour de la ville, des individus suspects.

Les membres de la municipalité qui se relaient aux portes avec mission de reconnaître les affiliés ont prudemment éloigné ces intrus. Une femme qui simulait la folie a été arrêtée ; ses paroles, rapprochées d'autres indices, l'ont désignée comme un agent expédié par les Prussiens.

A l'égard des isolés, des précautions minutieuses sont en vigueur. Si l'on recueille avec empressement les soldats errants qui, échappés à l'ennemi, viennent réclamer l'hospitalité de la place, on ne les admet toutefois qu'après enquête. Un cuirassier se présente dans la journée du 15 octobre. On l'amène à la citadelle pour le soumettre à cet examen. Ses réponses aux interrogations qu'on lui adresse sont nuancées d'une hésitation qui n'échappe point à la perspicacité du gouverneur de la place. En faisant diriger le nouveau venu vers le camp retranché, le commandant donne l'ordre qu'une surveillance spéciale soit exercée sur lui.

Comme le cuirassier, escorté, descend la rampe du château, il se croise avec un soldat de la garnison. Le fantassin regarde le cavalier fixement, s'arrête, et avec un accent de surprise :

— Toi ici ! Par quel hasard ?

Les traits du nouveau venu expriment l'étonnement.

— Vous vous trompez, fait-il, je ne vous connais pas

L'autre persiste :

— Je te connais, moi ; j'en suis plus certain encore en entendant ta voix ; nous sommes du même village ; je ne m'attendais guère, il est vrai, à te rencontrer parmi nous sous l'uniforme... N'as-tu pas été, il y a quelques années, frappé d'une condamnation infamante ?

A ces derniers mots, le cuirassier perd contenance ; il balbutie encore quelques dénégations ;

ceux qui le conduisent se décident à lui faire reprendre le chemin du fort.

Le chef de la prévôté presse de questions l'arrivant, le force à se dévêtir, et remarque que le numéro inscrit sur sa tunique ne coïncide nullement avec celui du régiment par lui indiqué. On lui fait faire l'exercice, le sabre en main : il ignore le maniement du sabre. Enfin, en guise de bretelles, il porte comme les soldats bavarois une ceinture en cuir fauve.

Une instruction est ouverte. Déféré au conseil de guerre, le faux cuirassier entre dans la voie des aveux. Il est, en effet, depuis peu en liberté, après avoir subi un emprisonnement de cinq années pour vol. Soudoyé par les Allemands, il a accepté la mission de s'initier à la situation de la place, de sonder l'esprit des troupes, de s'assurer du service des portes, d'observer la répartition des postes, de constater en un mot les points faibles sur lesquels une surprise pourrait être tentée.

L'espion est condamné à mort. Son exécution a lieu en présence de la garnison réunie au camp retranché, sous les yeux mêmes des assiégeants qui couronnent les hauteurs. On laisse avec intention l'ennemi témoin de ce dénouement, à l'issue duquel le fort envoie dans sa direction une bordée de projectiles, « afin de lui apprendre, dit un témoin oculaire, à ne pas perdre l'habitude de se cacher. » Nous savons enfin le secret de cette trompeuse longanimité à l'aide de laquelle les Allemands pensaient mettre en défaut notre légitime défiance.

VII

Continuation du blocus. — La période d'observation. — Quartiers d'hiver. — Le capitaine Morlet et son détachement. — Tristes nouvelles du dehors. — Situation critique. — Plus d'argent ! — Le lieutenant Mondelli. — Un montagnard des Vosges. — Mission verbale. — Sottise tudesque. — Entre Bitche et Tours. — Les pérégrinations du comte de Drée. — Le rapport de l'émissaire.

La deuxième quinzaine d'octobre marque une nouvelle phase du blocus : la période d'observation succède à la période d'action.

De rapports transmis par nos paysans, il résulte que l'adversaire prélève sur ses forces devant Bitche un assez nombreux contingent, vraisemblablement destiné à aller grossir l'armée qui bloque Metz.

Dans la place, les instants sont activement employés. Le capitaine qui commande en chef l'artillerie fait construire des gabions, des traverses et des entrepôts à poudre blindés pour chaque batterie. Ces entrepôts sont protégés au moyen de rails transportés par des soldats, du chemin de fer au château, au prix d'efforts inouïs. Le capitaine commandant le génie dirige l'installation des abris que rendent de plus en plus nécessaires les rigueurs de la saison. Quelques fourgons à marchandises, restés en gare, peuvent être amenés dans la ville; la voie ferrée passe sous le glacis du fort. Des escouades de travailleurs vont faire dérailler ces wagons et les traînent jusqu'à la porte de Wissembourg. De là on les dirige sur le camp pour servir de logements aux troupes.

On avait horriblement souffert du défaut de communications reliant, à couvert, la partie principale du fort avec le bastion renfermant l'ambulance du siège. Pour parer à cet inconvénient, il eût fallu creuser dans le roc vif une galerie longue de 45 mètres. Mais où prendre des outils ? Où trouver un personnel possédant l'expérience nécessaire ?

Des soldats d'infanterie sont improvisés mineurs. Un métallurgiste des environs, M de Joannis, introduit dans la place l'acier à l'aide duquel sera forgé l'outillage. Quelque téméraire que paraisse l'entreprise, elle est poursuivie quatre mois durant.

Dautre part, le capitaine Morlet emploie le détachement du 27e de ligne dont il a le commandement, à creuser des trous-de-loups, à tailler des abatis, à élever des palissades. De tous côtés, sous l'active impulsion du commandant de la place, on remue de la terre, on poursuit l'armement. La forteresse accroît ses attributions défensives comme si l'éventualité d'une attaque nouvelle apparaissait imminente.

Le 29 octobre, parvient au commandant Teyssier la douloureuse nouvelle que Metz est au pouvoir des Prussiens. Mais nul événement extérieur ne saurait avoir prise sur cette âme fièrement trempée. Un sujet d'inquiétude plus immédiat l'a envahie. Bien que la solde des troupes soit, depuis plusieurs semaines, réduite à de faibles à-comptes et celle des officiers fixée à un maximum provisoire de 50 francs par mois sans distinction de grades, les caisses militaires et civiles sont épuisées ; l'argent, ce nerf de la guerre, est près de faire défaut !

S'en procurer aux environs, il n'y faut pas songer : où l'Allemand a passé, que reste-t-il à prendre ? Après avoir jusque-là fait face à toutes ses obligations, Bitche serait donc à la veille de déposer son bilan pour insuffisance d'actif ? Dans ces difficiles conjonctures, un officier que nous avons eu déjà l'occasion de nommer, le lieutenant Mondelli, a formé depuis quelque temps un projet : sortir de la place, franchir les lignes coûte que coûte, parvenir jusqu'à Lille, jusqu'à Tours, s'il le faut, et rapporter dans la citadelle les fonds

8.

que le gouvernement ne pourra manquer de lui confier.

Ce mandataire profitera de son voyage pour obtenir, en faveur du commandant de Bitche, le droit de promotions et de récompenses. Par une fâcheuse lacune, le règlement ne reconnaît point ce droit aux officiers d'un grade inférieur à celui de lieutenant-colonel ; privation pénible, pour un chef chaque jour témoin des plus sublimes sacrifices !

Mais c'est en vain que l'adjudant de place a sollicité l'autorisation du commandant Teyssier ; ce dernier redoute pour lui les périls qui pourraient rendre son dévouement inutile. Le 28 octobre, le lieutenant Mondelli a pris le parti de soumettre ses plans à son chef de bataillon, le brave Bousquet. « J'ai sérieusement réfléchi, lui écrit-il, aux moyens à employer pour traverser le pays occupé ; j'y serai aidé par un fervent patriote de Sarreguemines. » Cédant à d'aussi vives instances, le commandant de la place se laisse fléchir enfin.

Le 30 octobre, guidé par le « fervent patriote » sur le concours duquel il n'a pas compté en vain, le hardi éclaireur se glisse hors des murs sous un accoutrement civil.

M. Mondelli est natif de Bordeaux ; il appartient à une famille originaire de la Suisse, depuis longtemps établie à Lyon. Au mois de juillet 1870, il se trouvait en qualité de sous-lieutenant à Saint-Malo, dépôt du 86e régiment, lorsque, nommé lieutenant aux bataillons de guerre qui étaient a Sarreguemines, il avait reçu l'ordre de rejoindre cette localité. Un détachement de 200 réservistes étant en partance, on lui en avait confié le commandement. De Saint-Malo à Paris, de Paris à Metz, de Metz à Sarreguemines, telles furent ses premières étapes. A Sarreguemines, le 4 août, il apprenait le départ tout récent de son régiment pour Bitche ; immédiatement, il faisait route vers Bitche, où le détachement arrivait dans la matinée du 5 août.

Soldat plein de vigueur et de décision, Mondelli a sa place marquée parmi ceux qui doivent uniquement à leur mérite personnel la situation qu'ils occupent. Figure ouverte, œil vif et pénétrant, moustache et barbiche noires, front découvert, teint basané et, dominant l'ensemble, un caractère de loyauté chevaleresque et d'irrésistible confiance, — telle est la physionomie de l'homme.

Son compagnon de route, grand et robuste marcheur, est un négociant de Sarreguemines, M. Erhardt ; il a entrepris le voyage de Bitche moitié par amour pour le 86e de ligne auquel appartient l'un de ses proches parents, moitié par patriotisme.

De pareils exemples ne sont pas rares, on le sait, chez cette race de montagnards au tenpérament de fer. Bien d'autres habitants des alentours sont accourus dans Bitche ; l'un d'eux M. Blusset, dès le milieu du mois d'août. Bien qu'âgé de cinquante ans et étranger aux choses de la guerre, M. Blusset n'avait pas hésité à s'enrôler parmi les défenseurs ; on lui avait conféré le grade de sergent à titre auxiliaire.

Pleins d'espoir en leur bonne étoile, M. Erhardt et le lieutenant Mondelli se dirigent, par les ravins, vers la Rosselle. Pour toute légitimation du grave mandat qu'il va remplir, l'officier emporte, cousu dans la doublure de son gilet, un mince carré de papier sur lequel son supérieur a défini ainsi les pouvoirs dont il l'investit :

M. Mondelli, Louis-François-Jean-Baptiste, lieutenant au 86e de ligne, est envoyé en mission auprès du gouvernement français (mission verbale) par le commandant de la place de Bitche.

Bitche, le 30 octobre 1870.

Le commandant de la place,

TEYSSIER.

Mission verbale auprès du gouvernement français. — Comment s'accomplira cette mission ? Où, quand, de quelle façon atteindre le siège du gouvernement ? Les voyageurs ont à peine pris le temps d'y songer. Bravement, ils escaladent les premières hauteurs, au moment même où une reconnaissance ennemie vient de s'en éloigner. A tout hasard, M. Erhardt est prêt à prendre la parole en cas d'indiscrète question des Allemands, car l'officier qui l'accompagne ignore leur langue. La précaution a son utilité. A quelques kilomètres plus loin, un chef de poste les arrête :

— Qui êtes-vous ? D'où venez-vous ? Où allez-vous ?

— Nous sommes des marchands ; nous venons pour affaires de la Cristallerie de Saint-Louis ; nous retournons chez nous, à Sarreguemines.

Le Tudesque examine longuement les inconnus. Evidemment il leur trouve l'aspect d'inoffensifs bourgeois, car après un silence :

— Passez, conclut-il.

Ils passent. De loin en loin, un soldat étranger s'arrête pour les examiner avec ce regard soupçonneux et niais à la fois, particulier à la race d'Attila. L'officier fume avec acharnement une courte pipe dont les rapides bouffées enveloppent son visage d'un masque de fumée. Une crainte l'agite, — celle d'être reconnu par quelqu'un des parlementaires qu'il avait dû, dans ses fonctions d'adjudant de place, recevoir en plusieurs occasions.

On atteint Sarreguemines sans que cette éventualité se soit réalisée La ville est occupée par 3,000 Prussiens. Une forte escouade est logée dans la maison de M. Erhardt. Par prudence M. Erhardt conduit son hôte chez le directeur de l'usine à gaz, M. Hamont. Celui-ci ne peut lui-même offrir au lieutenant qu'un lit attenant à un cabinet où sont couchés deux soldats allemands. C'est au bruit de leurs ronflements que l'émissaire s'endort.

Le lendemain, on se concerte. Il est convenu que le lieutenant Mondelli sortira de Franee par le Luxembourg pour y rentrer par la Belgique. Le 2 novembre au matin, après un voyage passablement accidenté, l'énergique officier touche à Bruxelles. Il y rend visite au ministre de France. M. Tachard l'encourage à poursuivre sa mission.

Le 3, Mondelli est à Lille; il se présente à Bourbaki.

— Patience lui dit le général, nous tâcherons d'aller vous délivrer bientôt.

Le général Bourbaki nourrissait-il déjà le projet de sa funeste expédition dans l'Est ?

Conduit auprès de M. Testelin par le général Farre, chef de l'état-major, le lieutenant expose l'objet de son voyage, spécialement en ce qui touche la pénurie monétaire.

— Je n'ai d'argent que pour les quatre départements du Nord, réplique le commissaire de la République, il m'est impossible de disposer de fonds pour aucun autre emploi.

Ces paroles ne sont que trop justifiées par la nécessité de pourvoir aux besoins des nombreux officiers échappés de Metz qui affluent chaque jour, manquant de tout, réclamant les indemnités dues pour perte d'effets, impatients de reprendre du service.

On engage l'envoyé à pousser jusqu'à Tours. Il y parvient dans la soirée du 5. Se rappelant à propos que son régiment a tenu garnison dans la ville, il se rend à la préfecture ; il compte faire appel aux souvenirs du préfet récemment nommé, M. Durel, qui a connu le 86e autrefois. Égaré dans un dédale de couloirs, l'officier cherche en vain le cabinet du préfet. Un personnage qui passe lui en indique la porte, pénètre dans la pièce avec lui. Après explications, le lieutenant apprend que son introducteur est M. Gambetta.

Mondelli dit alors pourquoi il est venu ; il fait un tableau complet de la petite place lorraine assiégée ; il parle avec chaleur de ses compagnons d'armes.

— Ce sont des braves ! s'écrie M. Gambetta, quand la France est témoin de tant de défaillances, d'aussi nobles exemples ne sauraient être trop récompensés.

Ordre est donné à l'officier d'apporter, le lendemain, un rapport circonstancié des événements survenus à Bitche depuis le 6 août. Il ne reste plus à aborder que la question d'argent. Avant de se retirer, le lieutenant Mondelli présente sa requête.

— Ah ! fait le ministre, vous demandez des fonds ? Eh bien ! ils sont en route depuis deux jours déjà.

Devant cette révélation, son interlocuteur demeure stupéfait.

Une particularité ignorée du lieutenant Mondelli expliquait la réponse du délégué à la guerre.

Quelques jours après la sortie de Bitche du vaillant officier, le commandant Teyssier, préoccupé déjà de la situation pécuniaire, avait fait part de ses appréhensions à deux des visiteurs qui, avec une sollicitude touchante, trouvaient quotidiennement l'occasion de s'informer des besoins de la place. Ces visiteurs étaient M. de Turckheim, ancien lieutenant de vaisseau, habitant un château près de Niederbronn, et M. de Joannis, directeur de forges à Muterhausen.

Par leur intermédiaire, le commandant avait réussi à faire passer un billet, exposant brièvement sa situation, à un fonctionnaire français en Suisse, le comte de Drée, vice-consul à Neuchâtel.

M. de Drée ne pouvait manquer de comprendre que le salut de la place dépendait de la promptitude apportée dans l'envoi des fonds réclamés. Sa première carrière, — lui aussi, avait appartenu à la marine, — l'avait accoutumé à embrasser d'un coup d'œil les difficultés et les chances de réussite d'une entreprise. La lettre du commandant Teyssier lui était parvenue le 30 octobre au matin ; le 30 octobre au soir, il quittait Neuchâtel, confiant à Mme de Drée le soin des affaires du consulat, qui consistaient surtout à délivrer aux militaires échappés d'Allemagne les secours nécessaires pour regagner notre pays.

Le voyageur atteignait Tours le 1er novembre, se présentait à la délégation des affaires étrangères, et priait M. de Chaudordy de lui faire obtenir cinquante mille francs.

Le 3 novembre, le comte de Drée repart pour Neuchâtel, emportant cette somme en pièces d'or. Il se munit d'un passeport suisse revêtu d'un signalement qui offre quelque analogie avec le sien propre, il emprunte à un ami du linge aux initiales du nom qu'indique le passeport. Le 5, il se remet en route, bien résolu à pousser jusqu'à Bitche.

M. de Drée traverse successivement Bâle, le grand-duché de Bade, Strasbourg, Haguenau. A cette dernière station, le train s'arrête définitivement. Un cabriolet loué à grand'peine transporte le passager jusqu'à Niederbronn.

A Niederbronn, le vice-consul éprouve quelques appréhensions pour ses 50,000 fr. qu'il porte dans une valise. Il réussit à surmonter les difficultés d'une descente de voiture et d'une marche effectuées sous les yeux des Allemands, auxquels il faut cacher le contenu du colis. Il arrive chez M. de Turckheim, gagne en coupé Muterhausen, descend chez M. de Joannis.

Le lendemain, à la pointe du jour, MM. de Joannis et de Drée partent ensemble pour Bitche, en suivant la route de Deux-Ponts. Cette voie passe pour être la moins strictement surveillée. Ils esquiveront donc les patrouilles allemandes. Ils parviennent en effet dans la place sains et saufs.

Quelques heures plus tard, le messager sortait de la citadelle, serrant dans son portefeuille la pièce suivante :

Le comité des approvisionnements de la place de Bitche déclare avoir reçu aujourd'hui, 7 novembre 1870, la somme de 50,000 francs de M. le comte de Drée, vice-consul de France à Neuchâtel, qui nous a remis cette somme de la part du gouvernement.

Bitche, le 7 novembre 1870.

Signé : *Les membres du comité des approvisionnements.*

Les officiers de la garnison avaient offert aux voyageurs un cordial déjeuner.

« Jamais, écrivait plus tard M. de Drée à un ami, repas ne me parut plus délicieux que l'humble festin de la cantinière de Bitche. La gaieté française qui ne perd jamais ses droits, la satisfaction que nous donnait à tous la pensée des devoirs envers la patrie que nous accomplissions chacun de notre côté, l'originalité de la position, tout a contribué à faire de cet épisode un agréable souvenir, le seul de cette époque où les joies furent si rares pour nous tous. »

En arrivant à Tours, Mondelli ne pouvait connaître ces détails. L'annonce que des subsides étaient partis pour Bitche l'allégeait du plus pressant des soucis ; elle devait lui permettre de retarder son retour et d'appliquer ses soins à l'élaboration d'un projet important pour la défense.

Grouper en un faisceau compacte les éléments épars dans la place ; réunir, à l'unique bataillon du fort, un deuxième bataillon composé des isolés du camp retranché ; former un régiment de marche qui, en cas d'opérations au dehors, présenterait des garanties de solidité qu'il est impossible d'attendre de faibles détachements distincts les uns des autres, — tel est le plan combiné de longue main, mais à la réalisation duquel s'est opposée jusqu'ici l'absence de pouvoirs réguliers.

Sur la demande du ministre, l'officier rédige un mémoire. S'inspirant des intentions que lui a communiquées le commandant de la place, d'une part; d'autre part, d'un mémoire de propositions rédigé par le commandant Bousquet, M. Mondelli désigne les chefs et les soldats de toutes armes qui se sont signalés, n'omettant qu'un seul nom : le sien. Il a plusieurs entrevues avec le chef du personnel, M. le général de Loverdo.

Un décret sanctionne la formation d'un régiment de marche, le 54e. En vertu d'un autre décret, le commandant Teyssier est promu au grade de lieutenant-colonel, investi de pleins pouvoirs pour les nominations aux grades inférieurs à titre provisoire et pour les dispensations de croix et de médailles, sauf approbation ultérieure du gouvernement. Le chef de bataillon Bousquet est nommé lieutenant-colonel commandant le 54e de marche; les capitaines d'infanterie Blusset et Fenoux, le capitaine du génie Guéry, sont nommés chefs de bataillon; le capitaine d'artillerie Jouart est décoré; le lieutenant Mondelli a décliné pour lui-même un avancement en grade; il est créé chevalier de la Légion d'honneur et désigné pour être porté à l'ordre de l'armée.

Le courageux ambassadeur reprend le chemin de Bitche, justement fier de sa mission. A son passage à Lille, il se munit d'un passeport au nom de Margollé (Paul), voyageur de commerce, allant en Belgique et Luxembourg. Le 15 novembre, il est à Bruxelles, le 16 à Luxembourg, le 17 à Saarbrück, le 18 à Sarreguemines, où il retrouve M. Erhardt. Une carriole est préparée; tous deux y prennent place. Malgré l'heure avancée, ils se dirigent vers les hauteurs.

Plus que les rondes ennemies, ils ont à redouter le feu des sentinelles de Bitche. Heureusement, les chefs de poste sont avertis. Après avoir laissé en arrière la ferme du Freudemberg, descendu la côte et remisé leur voiture à l'abri d'un monticule, nos voyageurs se glissent jusqu'aux avancées de la porte de Phalsbourg. Très prudemment, ils se font reconnaître.

Le 19, dans un rapport au commandant de la place, le lieutenant Mondelli rend compte de sa mission :

RAPPORT

J'ai l'honneur, mon colonel, de vous rendre compte des résultats de la mission dont vous m'avez chargé auprès du gouvernement.

Parti du fort de Bitche le 30 octobre dernier, je n'ai pu

arriver à Tours que le 5 novembre et être présenté à M. le ministre de la guerre que le 6, à huit heures du soir. Je lui ai dépeint la situation de la place dans les termes que vous m'avez indiqués, et je lui ai fait part du désir que nous avions d'entrer en relation avec le nouveau gouvernement :

Que notre intention était de tenir jusqu'au bout, malgré notre isolement. et. que nous pourrions le faire indéfiniment si nous avions l'argent indispensable à nos approvisionnements et à ceux des hôpitaux ;

Que nous ne pouvions pas compter sur les ressources des villages voisins, pas plus que sur celles des habitants de la ville, puisque ceux-là étaient occupés ou trop éloignés et avaient déjà été requis par l'ennemi et que ceux-ci avaient vu leurs meubles et immeubles incendiés ou détruits.

M. le ministre me répondit que ces deux questions étaient résolues depuis deux jours, par l'intermédiaire d'une personne de Neuchâtel.

J'abordai ensuite la question des récompenses... M. le ministre parut très satisfait : « Je serai heureux, me dit-il, de récompenser tous les braves qui résistent avec opiniâtreté. » Je lui fis remarquer qu'il y avait plusieurs corps et plusieurs services dans la place, qui, eux aussi, méritaient d'être récompensés, surtout le corps de l'artillerie ; que le camp retranché, à côté de quelques mauvais sujets dont on faisait justice, renfermait des hommes de dévouement qui avaient fait leurs preuves conduits par leurs officiers ; que le commandant de la place, ne voulant pas compromettre ma mission, n'avait pas cru devoir me donner un mémoire écrit, mais qu'il m'avait fait part de ses intentions.

Le ministre me demanda un rapport pour le lendemain ; je ne pus le lui remettre en mains propres, à cause de ses occupations ; mais, à six heures du soir, il m'envoya un de ses représentants qui prit connaissance du rapport, me promit de le communiquer dans la soirée et m'engagea à venir le 8 au matin pour connaître le résultat.

Ce rapport indiquait d'une manière plus étendue tout ce que j'avais pu dire verbalement la veille. A propos du projet de la formation d'un deuxième bataillon, je disais :

Le 86e est formé d'un bataillon de 750 hommes environ ; ses cadres sont au complet ; on pourrait former aisément un deuxième bataillon ; les éléments ne manquent pas, aussi bien dans l'infanterie du camp retranché que parmi les jeunes gens de l'arrondissement qui n'ont pu rejoindre les corps pour lesquels ils étaient destinés. On les ferait prévenir adroitement ; il n'y a ni habillement, ni équipement, mais on possède des armes, l'ingéniosité des chefs suppléerait au reste.

Je donnais la composition des différentes armes, et je demandais pleins pouvoirs pour décerner des récompenses à toutes les armes de la garnison, puisque les règlements n'en attribuaient pas le droit à un chef de bataillon commandant une place isolée.

Dans le cas où ces pleins pouvoirs ne vous seraient point donnés, le rapport fixait un chiffre de six croix et une trentaine de médailles pour l'artillerie, la douane, le camp retranché et les différents services isolés.

Ce chiffre, disais-je, peut paraître élevé à première vue mais il est justifié par le grand nombre des sous-officiers du camp retranché, dont quelques-uns et beaucoup de soldats blessés, au pouvoir de l'ennemi, à demi-guéris, se sont évadés pour venir se mettre à la disposition du commandant de place; par les services exceptionnels de l'artillerie et par de graves blessures qui ont atteint quelques vieux braves douaniers; en un mot, par la composition tout hétérogène de votre garnison, puisque le camp retranché à lui seul est formé de 72 corps divers (cavalerie et infanterie), débris de Wœrth, Reischoffen, etc...

Le 8 au matin, le représentant du ministre, qui m'avait reçu la veille, m'apprit que M. le ministre s'intéressait beaucoup à la situation de Bitche; que son intention était de récompenser tous les militaires qui en étaient dignes, parce qu'il tenait essentiellement à la résistance des places fortes mais qu'il serait très long de régler le tout séance tenante, en raison des nombreuses demandes faites et des différentes armes à satisfaire. Il m'annonça, du reste, que le commandant de la place, nommé lieutenant-colonel, serait revêtu de pleins pouvoirs, et, en attendant qu'il décernât des récompenses, M. le ministre donnait, dès à présent, une croix d'officier, trois croix de chevalier et le grade de capitaine à un lieutenant.

Sur quelques justes observations que je fis pour faire donner sur les lieux les grades supérieurs que vous demandiez, un nouveau rendez-vous me fut assigné pour onze heures du soir; le projet élaboré plus largement, approuvé le lendemain matin par M. le ministre de la guerre, comprit toutes les nominations à l'appui desquelles j'ai apporté les lettres d'avis, ainsi que l'ordre de constitution d'un 2e bataillon au 86e, et pleins pouvoirs pour le lieutenant-colonel commandant la place.

La multiplicité des affaires à résoudre par les bureaux du ministère, qui travaillaient jour et nuit, ne m'a pas permis de traiter différentes questions, telles que celles de l'organisation de l'artillerie en batteries et de la cavalerie en pelotons, en raison de leur effectif élevé.

Mais j'ai la ferme persuasion que, par analogie à la formation d'un 2e bataillon d'infanterie, M. le ministre de la guerre aurait accordé toutes les formations faites dans l'intérêt du service...

Je ne terminerai pas, mon colonel, sans vous dire que j'ai vu, en allant et en revenant, MM. le général Bourbaki, le général Farre, chef d'état-major de l'armée du Nord, le commissaire du gouvernement de la partie nord de la France, le préfet d'Indre-et-Loire, le ministre de la guerre, l'ambassadeur de France à Bruxelles, et que tous ont rendu hommage à la ferme résistance de Bitche.

M. Gambetta devait me donner une lettre de félicitations pour le commandant de la place et les troupes de la garnison; mais l'arrivée de M. Thiers ne m'a plus permis d'être reçu par le ministre.

J'ai l'honneur d'être, mon colonel, etc.

MONDELLI,
Lieutenant au 86e de ligne.

Le retour du négociateur est une véritable fête pour les camarades dont les vœux l'ont accompagné dans son pénible parcours.

On le félicite, on l'entoure, on le presse de questions; les paroles d'espoir qu'il apporte, l'activité dont il a été témoin, la formation d'armées nouvelles, la ferme attitude de Paris, le réveil en masse du pays, les prévisions d'une prochaine offensive, et, pardessus tout, l'annonce du succès de Coulmiers, rendent à tous les cœurs leurs illusions des meilleurs jours.

La modération avec laquelle le commandant

Teyssier use du droit que lui a conféré le ministre de la guerre contraste avec l'excès de décorations et de grades que l'on a vu, ailleurs, s'étaler librement.

Des trois croix attribuées au bataillon du 86e de ligne, deux sont accordées aux capitaines Palazzi et Malifaud, l'autre au sergent Monnier-Lambert. Tous ont plus de vingt années de service. Sont décorés également, dans les autres corps : le capitaine d'artillerie Lair de la Motte, un héros ; le lieutenant Dessirier, du 2e zouaves, entré dans la place après s'être enfui d'une ambulance prussienne où il était en traitement ; le sous-lieutenant Labarbe, du 30e de ligne ; le capitaine d'artillerie Lesur ; le capitaine de gendarmerie Mathieu ; l'inspecteur des douanes Narrat ; le sous-lieutenant Robin, du 49e de ligne ; l'officier d'administration Souquet, du service des hôpitaux ; le garde du génie Guichard ; le secrétaire-archiviste Brunel. La formation du 54e régiment de marche entraîne la promotion de plusieurs lieutenants au grade de capitaine ; Mondelli est du nombre. Les sous lieutenants, à leur tour, passent lieutenants ; des sous-officiers prennent leurs places.

VIII

Le 54e régiment de marche. — Cartouchières, ceinturons et képis. — Un air de Béranger. — Ceux qui s'en vont. — La garnison de Bitche à la fin de novembre. — Un trésor. — La solde des douaniers. — Décembre 1870 et janvier 1871. — Journaux en fraude. — Accablement.

Le 54e de marche comprend 10 compagnies, chacune de 160 hommes. Brave régiment ! Il rappelle un peu, par la tenue, ceux que la première République jetait vers les frontières contre l'envahisseur. Dans ses rangs se coudoient les costumes les plus disparates : zouaves, chasseurs à pied, cavaliers démontés, lignards à la tunique dépenaillée, volontaires en blouse, grognards en paletot ...

Il faut ramener cet ensemble à l'uniformité de costume sans laquelle il n'est point d'esprit de corps possible.

Le lieutenant-colonel Bousquet utilise les éléments très incomplets dont il a la disposition. Le sous-intendant et les officiers d'administration s'ingénient à recueillir des matières premières pour la confection des effets. D'un monceau de shakos abandonné au début de la guerre, on fait des cartouchières, des porte-sabre ; des harnais des chevaux abattus et mangés, on fabrique des ceinturons ; avec les coiffes intérieures et les visières des shakos, quelques débris de tuyaux de pompes et des pantalons hors d'usage, on confectionne des képis.

Pendant la période des ravitaillements, des citoyens de plusieurs villes d'Alsace, jusqu'à Ribeauviller et Sainte-Marie-aux-Mines, ont adressé par l'intermédiaire d'un notaire de Bischwiller, Me Diehl, un important envoi de drap noir : voilà de quoi tailler tuniques et capotes. De bonnes gens de Sarreguemines ont expédié du cuir : nos soldats auront des souliers. Il n'est pas jusqu'à des liqueurs, des médicaments, des pièces de flanelle, des tricots, des bas, des couvertures, dont l'ingénieux patriotisme des localités environnantes ne se soit plu à combler les assiégés. Il n'est pas jusqu'à une musique, dont le lieutenant-colonel Bousquet ne veuille doter son régiment.

Placés le plus souvent en arrière du champ de bataille, avec les bagages des colonnes en marche, les musiciens, dans une déroute, sont fatalement les premiers à la retraite. A cette circonstance, Bitche doit de posséder un nombre respectable d'instrumentistes. Quelques-uns sont *désarmés* de leurs instruments : une caisse de vieux cuivres, découverte dans les magasins du fort, comble à propos cette lacune. La fanfare, à dire vrai, n'est pas irréprochablement harmonieuse. Telle qu'elle est composée, cependant, elle aidera la troupe à se distraire des rigueurs de l'hiver. Quand, du haut de leurs remparts, les musiciens soufflant tour à tour dans leurs doigts et dans leurs trombones jouent l'air de Béranger : « *Les gueux, les gueux, sont des gens heureux,* » adopté par le régiment comme un refrain de circonstance, soldats et habitants relèvent la tête, et, pendant un instant, un philosophique sourire vient illuminer ces physionomies sur lesquelles l'angoisse a posé sa rude empreinte.

Cependant, en dépit de la plus stricte économie, l'argent commence à manquer encore. La sacoche apportée par M. de Drée n'a pas tardé à se vider. Il faudra retourner à Tours solliciter un secours en espèces.

Cette fois, c'est un citoyen de la ville, M. Blanchet, qui s'offre pour cette tâche ardue. Ses services antérieurs sont garants du zèle qu'il saura déployer. Le commandant de la place lui donne des instructions.

Il y a dans Bitche une surabondance d'officiers. Le colonel Teyssier autorise à sortir de la citadelle, à leurs risques et périls, trois d'entre eux, désireux de rejoindre l'armée du Nord ; MM. Villebois, du 99e, Baron, du 48e, et Gache, du 49e. Ce dernier revient de Lille à la fin de novembre. Il rapporte 50,000 fr. que M. Testelin lui a remis, en même temps que l'ordre de la part du gouvernement à tous les officiers dont la présence dans la place n'est pas indispensable, de se rendre au plus tôt à l'une des armées de l'intérieur, où les cadres sont en formation.

L'invitation est chaudement accueillie par MM. Tamisier, capitaine au 99e de ligne ; Morlet, capitaine an 27e ; Lair de la Motte ; Lesur, Poulleau, capitaines d'artillerie ; Chantereau, capitaine au train ; Déssirier, lieutenant au 2e zouaves ; Merlin, du 3e ; Dabrin, lieutenant aux tirailleurs ; Camusat, capitaine ; Labarbe, sous-lieutenant au 30e de ligne ; Pélissier, sous-lieutenant au 12e chasseurs à cheval ; Potelet, Truc, Handhauer, officiers d'administration ; Morache, médecin, et divers aides et sous-aides-majors.

Ces officiers ne peuvent quitter la place que grâce à un déguisement.

Les populations leur prêtent un appui actif. Elles ſont preuve, en cette occasion, d'une discrétion bien précieuse. Les ſugitifs s'éloignent isolément, s'enveloppent d'un mystère absolu. La moindre divulgation suffirait pour tout perdre. Chacun d'eux franchira donc les lignes sous des vêtements d'ouvriers. Les forges et verreries qui avoisinent Bitche fournissent un prétexte naturel à cet accoutrement, que parachève soit un livret de travailleur, soit une lettre de recommandation délivrée par un civil, et portant tantôt l'adresse de M. de Joannis, aux ateliers de Mutterhausen; tantôt celle de M. Valter, maire et administrateur des forges de Gœlzenbruck; tantôt celle de M. Didierjean, administrateur des cristalleries de Saint-Louis.

On attribue à chaque partant une profession en rapport avec son âge, son extérieur, la rudesse ou la blancheur de ses mains, que le prévoyant M. Lamberton a préalablement le soin d'examiner.

Pour compléter la vraisemblance, de dignes et excellentes femmes, des mères de famille emmenant avec elles leurs enfants, escortent les prétendus ouvriers, déterminées à les faire passer, au besoin, pour leurs maris ou pour leurs frères.

C'est ainsi que quatre ou cinq officiers partent successivement avec les papiers d'un hôtelier du nom de Bournique. Mme Bournique les accompagne, conduisant par la main son jeune fils, pendant que, tremblant pour eux, le pauvre aubergiste se demande si les Prussiens, à la fin, ne s'étonneront pas de voir défiler à leurs avant-postes tant de maris au bras d'une seule épouse.

Après la régularisation des différents services, qui dut suivre ces départs, la garnison de Bitche comprenait :

Rationnaires de toute nature

Officiers ou assimilés.	77
Troupe, voituriers requis, etc	2777
Cantinières	34
Chevaux.	310

Aux Hôpitaux

Officiers	2
Troupe	106

Les cadres étaient composés comme suit :

CONSEIL DE DÉFENSE

MM. Teyssier, lieutenant-colonel à l'état-major des places, commandant supérieur de la place;

Bousquet, lieutenant-colonel commandant le 54e de marche;

Guéry, chef de bataillon du génie, commandant le génie de la place;

Jouart, capitaine d'artillerie, commandant l'artillerie de la place;

MM. Narrat, inspecteur des douanes, commandant le bataillon des douaniers;

Simon, adjoint de 1re classe à l'intendance, chef des services administratifs.

Secrétaire archiviste : M. Brunel.

Secrétaire adjoint : M. Dumont fils.

PRÉVOTÉ

M. Mathieu, capitaine de gendarmerie, ayant sous ses ordres trente gendarmes.

CAMP RETRANCHÉ

MM. Saint-Cyr, capitaine, commandant administrativement le camp retranché;

Vidard, sous-lieutenant aux tirailleurs algériens;

Tonnelier, sous-lieutenant aux tirailleurs algériens, commandant soixante turcos préposés à la garde du fortin;

Dupuy, lieutenant au 5e régiment de hussards, commandant les cavaliers isolés.

ARTILLERIE

MM. Jouart, capitaine commandant l'artillerie de la place;

MM. Rossin, capitaine en retraite à Bitche, admis à titre auxiliaire;

Labourgade, sous-lieutenant,

Delahaye, id.

Rigaux, id.

SERVICE DE SANTÉ

MM. Lagarde, médecin en chef des hôpitaux et ambulances;

Hériot, médecin aide-major de 1re classe;

Poignon, médecin aide-major de 2e classe;

Roberdeau, médecin sous-aide-major;

Willigens, id.;

Colrat, médecin auxiliaire requis;

Francoz, id.;

Charpy, id.;

Ulrich, pharmacien aide-major de 1re classe;

Passabosc, pharmacien aide-major de 2e classe;

Souquet, officier d'administration des hôpitaux;

Croquevielle, adjudant d'administration du service des vivres;

De Costa, id.;

Schmitt, officier des bureaux de l'intendance;

DOUANES

MM. Narrat, inspecteur, commandant le bataillon;
Pradal, sous-inspecteur;
Tilmont, lieutenant, faisant fonctions d'adjudant-major.

1re *compagnie.* MM. Génin, capitaine,
Mayer, lieutenant;
Wilhelm, sous-lieutenant.

2e *compagnie.* MM. Jeannot, capitaine;
Buzy, lieutenant;
Lamy, sous-lieutenant.

3e *compagnie.* MM. Dumont, capitaine;
Laurent, lieutenant;
Reitz, sous-lieutenant.

54e RÉGIMENT DE MARCHE

MM. Bousquet, lieutenant-colonel, commandant;
Blusset, chef de bataillon;
Fenoux, id.;
Malifaud, capitaine adjudant-major;
Rapart, id.;
Hériot, médecin-major;
Poignon, médecin aide-major.

Capitaines : MM. Palazzi, Raveine, Désoubry, Hordy, Fargeas, Mondelli, Ravenel, Bedel, Leymarie, Eyrier.

Lieutenants : MM. de Nonancourt, Gabarrou, Neurisse, Cassaigne, Robin, Lebon, Second, Garderein, Broc, Ménétrez.

Sous-lieutenants : MM. Halbitzel, Petit, Lelu, Mauchauffée, Laurent, Ségui, Wilhem, Hermitte, Guerville, Birhans.

Enfin, la municipalité réorganisée avait à sa tête :

MM. Lamberton, faisant fonctions de maire;
Maurer, adjoint;
Mauss (Eusèbe), commandant de la milice armée.

Grâce aux 50,000 francs du capitaine Gache, on pouvait solder un arriéré dont le total devenait inquiétant. Mais il fallait, pour l'avenir, assurer la paie des troupes.

De Sarreguemines, un matin, parvient, par Mme Erhardt, la nouvelle qu'une somme de 100,000 francs environ repose dans les caisses de la Société des Salines de Sarralbe. Sarralbe est à quarante-quatre kilomètres de Bitche. Les directeurs, ajoute-t-on, se déclarent disposés à verser ce montant entre les mains des autorités françaises, plutôt que d'avoir quelque jour à en faire abandon aux Allemands.

Qui ira s'emparer du trésor? Encore le capitaine Mondelli. Après avoir, tant à l'aller qu'au retour, déjoué trois ou quatre embuscades, trompé la surveillance d'une demi-douzaine de patrouilles, l'infatigable pionnier rapporte de son excursion, 5,000 fr. seulement. Ce montant est dû à la munificence de l'un des directeurs des Salines, M. Dornès, qui a tenu à participer par un prêt personnel à la belle résistance de Bitche, Quant aux 100,000 francs, trop tard! La somme existait bien dans les coffres; mais déjà les envahisseurs l'ont réquisitionnée.

En revanche, après dix-sept jours d'absence, M. Blanchet revient de Tours avec 50,000 francs. Celui-là aussi, simple voyageur de commerce, est un de ceux qu'a ruinés le bombardement de la ville. Comme tant d'autres, il a su contempler d'un œil stoïque sa maison incendiée, tous ses biens engloutis. Sans paraître se douter qu'il a fait acte d'héroïsme, M. Blanchet reprend modestement son rang.

Aucune mesure n'est négligée par le commandant assiégé. Il sonde chacun des points où des ressources peuvent l'aider à maintenir la garnison pourvue de vêtements et approvisionnée de vivres. Après la chute de Metz, un adjudant d'administration, M. Schmitt, a été envoyé dans cette place pour s'informer de la possibilité de faire profiter Bitche des ressources qu'elle possédait en excédent monétaire. En dépit d'un zèle et d'une intelligence mis au service de la plus sainte des causes, M. Schmitt a échoué.

Le moment paraissant venu d'effectuer une nouvelle tentative, le sous-inspecteur de la douane Pradal reçoit la mission de se rendre à Metz, afin de s'assurer le chiffre nécessaire au payement des appointements arriérés des douaniers; car ils n'ont reçu, jusqu'alors, que la solde de la troupe.

Ces braves gens, pour la plupart, sont pères de famille. Ils ont laissé dans les localités où ils résidaient leurs femmes et leurs enfants. Le sort de ces êtres chers est pour eux un sujet constant d'inquiétude. M. Pradal réussit dans son entreprise. Plus d'une infortune silencieuse, plus d'une existence de privations stoïquement supportées renaissent ainsi à l'espoir. Et les défenseurs de Bitche, délivrés de préoccupations personnelles, s'adonnent tout entiers à cette pensée unique: la résistance.

Décembre s'écoule, exempt d'incident notable.

L'hygiène et le moral du soldat se soutiennent grâce à une discipline rigoureuse, à un labeur incessant. Le respect des règlements est assuré par une sévérité qui ne transige avec aucune infraction.

Aux premières semaines de 1871, des engagements d'avant-postes, fréquemment renouvelés, rompent la monotonie de l'attente passive. L'ennemi a rapproché ses grand'gardes. Les relations avec l'extérieur sont devenues plus difficiles. L'échange des lettres par Schweicks a cessé tout d'un coup; les Allemands, à la longue, avaient remarqué à ce bureau de poste les arrivées et les départs périodiques de lettres revêtues des mêmes suscriptions : le manège, éventé, a pris fin; ceux qui le favorisaient ont dû se soustraire aux recherches.

Par contre, des journaux parviennent quotidiennement dans la place. Un service à peu près régulier a été établi à eet effet par la propriétaire d'un café, Mme veuve Lutzwiller, qui reçoit, à Lemberg, l'*Indépendance belge* et le *Journal de Genève*. Chaque matin, par les ravins et les bois, un jeune garçon franchit les neuf kilomètres qui séparent Lemberg de Bitche. Avec quelle ponctualité les officiers s'assemblent à l'heure du courrier, avec quelle religieuse attention ils écoutent, jusqu'au dernier mot, la lecture faite à tour de rôle, on l'imagine aisément.

Les commentaires, ensuite, se donnent libre cours. Chacun explique son plan de campagne. Rarement les gazettes apportent d'autre nouvelle que celle d'un revers. Du moins échappe-t-on aux anxiétés de l'incertitude. On espère, malgré tout. A travers ces récits des feuilles étrangères, c'est l'âme de la France que l'on sent palpiter.

A l'expiration de janvier, un journal annonce la capitulation de Paris. — Paris va ouvrir ses portes aux Prussiens!

Pendant quelques heures, une sensation de stupeur engourdit nos soldats. Affaissés sous le poids de leur prostration, ils s'efforcent de ne pas croire, luttant contre l'évidence, faisant appel à l'esprit de la loi qui commande aux assiégés de rester indifférents à tout bruit du dehors. Mais des détails circonstanciés viennent confirmer l'accablante nouvelle.

Alors la consternation se répand dans la place; des larmes de rage s'échappent de tous les yeux. Les défenseurs de Bitche contemplent, le cœur serré, le drapeau qui flotte au sommet de leur forteresse. Faudra-t-il donc qu'un jour ce drapeau glorieux, image du sacrifice et du devoir, soit remplacé par celui des conquérants?

Des postes avancés, on croit entendre au loin le canon. Autrefois, c'était l'espoir ; aujourd'hui c'est la tristesse. Que peut signifier ce présage, sinon une dernière victoire de l'ennemi ?

IX

L'alerte du 1er février. — Une dépêche de l'ennemi annonce l'armistice. — Omission. — Respect à la loi. — Froids rigoureux. — Voyage à Paris. — Une lettre du ministre de la guerre. — Sauf-conduit. — Correspondance inutile. — Le post-scriptum de Ferrières. — Journée du 15 mars. — L'honneur du drapeau.

Dans la nuit du 31 janvier au 1er février, les sentinelles du château signalent un feu allumé sur la ligne du chemin de fer. Sa lueur éclaire l'adversaire prenant ses dispositions pour l'enlèvement des rails. Jusqu'à l'aube, nos pièces envoient des projectiles dans cette direction. Tandis qu'elles lancent leurs dernières bordées, un officier ennemi accourt au galop de son cheval. Le tir de la place ralentit l'ardeur du cavalier. Il s'arrête, tourne bride, disparaît. Une heure plus tard, on annonce un parlementaire.

— Qu'avez-vous fait ! s'écrie ce messager ; eh ! quoi, vous persistez à pointer vos canons sur nous ?

— Certes !

— A cette heure ?

— Pourquoi non ?

— Vous le sauriez si, tantôt, vous n'aviez éloigné notre chef... Le colonel Kollermann, depuis quelque temps, a repris le commandement des troupes assiégeantes ; il venait en personne vous annoncer la conclusion d'un armistice... en attendant la paix.

Un armistice ! On s'entre-regarde en secouant la tête. La paix ! Allons donc ! Paris tombé, ne reste-t-il pas la France?

— Le colonel, continue l'envoyé, vous apportait des paroles de conciliation, et c'est à coups de mitraille que vous le recevez !... Il est revenu indigné de voir Bitche poursuivre les hostilités au moment même où votre pays renonce officiellement à la lutte.

On doute encore ; les regards semblent dire : ces gens nous trompent, leur mensonge déguise quelque ruse infâme.

— Retirez-vous ! réplique-ton, nous n'avons aucun ordre de notre gouvernement.

— Mais j'ai des preuves à vous montrer !

— Inutile ; elles seraient sans valeur à nos yeux : aussi longtemps que nous n'aurons pas reçu de communication directe, nous continuerons à tirer sans ménagement sur tout assiégeant qui s'avancera à portée.

Le parlementaire insiste :

— Voici une dépêche du gouverneur d'Alsace-Lorraine, il est de mon devoir de vous la communiquer.

La dépêche dit :

Un armistice est conclu avec la France jusqu'au 19 février. Je vous adresserai ultérieurement les clauses détaillées de cet armistice.

— Qu'importe ! Ce sont là les affaires de la Prusse, non les nôtres. A ceux qui défendent Bitche, le pays a confié une forteresse : ils la garderont jusqu'au jour où le pays en aura décidé autrement.

— Mais c'est vouloir rester en guerre avec nous, reprend l'Allemand, c'est nous pousser à quelque extrémité que vous regretterez...

— D'accord ; entendez-vous nous attaquer ? Libre à vous. Nous prétendons rester libres de notre défense.

— Ainsi, pas de trêve conclue, pas de convention entre nous ?

— Non, tant que le gouvernement n'aura pas délié Bitche par des instructions authentiques.

Cette affirmation de principes paraît clore la discussion.

Il est bien évident que les avances de l'ennemi

pourraient cacher un piège. Indépendamment de l'absence d'instructions, comment accepter l'armistice dans l'état de *statu quo*, c'est-à-dire les deux parties gardant leur position respective ? Pendant que, dans la place, nos troupes demeureraient immobiles, les Bavarois n'auraient qu'à établir, en arrière des hauteurs, de façon à nous masquer ces préparatifs, des batteries qui, en cas de reprise des opérations, réduiraient en peu d'instants le fort à l'impuissance.

Même, l'hypothèse d'une entente admise et Bitche étant comprise dans l'armistice, le soin de notre sécurité ordonnait d'exiger de l'adversaire qu'il se retirât au delà d'un rayon nettement délimité et qu'une zone neutre, fixée d'un commun accord, assurât l'avenir contre toute cause accidentelle de rupture.

Mais si l'existence de la convention est hors de doute, il n'est pas moins certain que Bitche n'y figure en aucune façon. L'histoire enregistre parfois de ces invraisemblances qui sont des vérités.

Dans la matinée du 5 février, deux nouveaux parlementaires apportent, sous pli cacheté, une copie en français du traité conclu pour le pays entier, sauf Belfort et l'armée de l'Est.

Le pacte englobe les places de Givet, de Langres, encore investies par l'ennemi. Tout est prévu, tout est réglé, tout..., à l'exception de Bitche, aussi oubliée que si ses remparts, depuis six mois, n'avaient pas immobilisé les forces d'un assaillant plein d'audace.

L'origine de l'omission? Sans doute l'effarement de cette heure critique, la précipitation d'une solution hâtive; deux centres de gouvernement, l'un à Paris, l'autre à Bordeaux, en divergence de vues; un conflit d'opinions entre M. Jules Favre, négociateur, et M. Gambetta, partisan de la lutte pour l'honneur national.

Si le souvenir de Bitche échappait à la diplomatie française, la diplomatie allemande, peu soucieuse de provoquer des revendications possibles en échange d'une place qui résistait encore, n'avait garde de le lui rappeler.

Que faire en une telle occurrence? Se rallier strictement aux prescriptions de la loi: tenir jusqu'à épuisement de munitions et de vivres. Pour des soldats habitués au respect des règlements et fermement décidés à n'obéir qu'à des inspirations loyales, toute difficulté était tranchée d'avance. Le devoir n'est-il pas le guide le plus sûr?

On attendait une communication du gouvernement; cette communication n'arrivant pas, le capitaine Mondelli offre de se rendre à Bordeaux pour y chercher des ordres.

Le conseil de défense, assemblé, accepte sa proposition. Dans le but de faciliter l'entreprise, un laisser-passer est sollicité du commandant des forces ennemies.

Ce dernier répond, le 6, au commandant de la citadelle :

Monsieur le colonel,

Demain, je ferai partir un officier de ma suite pour Strasbourg, afin de demander au gouverneur un sauf-conduit pour M. le capitaine Mondelli, se rendant à Paris.

Mon officier sera probablement de retour le soir même ; alors, après-demain matin, j'aurai l'honneur de vous envoyer la réponse.

Agréez, etc.

Colonel KOLLERMANN.

Le 7, sans doute en possession des ordres de l'autorité militaire de laquelle il relève, le chef assiégeant écrit que le gouverneur de Strasbourg a cru devoir lui-même en référer au grand quartier général, à Versailles.

Plusieurs journées se passent à attendre une réponse qui ne vient pas. Peut-être, en présence des dispositions belliqueuses que manifeste la place, l'ennemi préfère-t-il éviter, entre Bitche et

Paris, des communications de nature à amoindrir les exigences du vainqueur.

Cependant, la situation intérieure se complique. Un malaise moral a envahi les troupes, chez lesquelles la certitude du désastre final brise ce grand ressort : l'espérance. Le froid sévit avec rigueur, une neige épaisse couvre le sol, l'humidité pénètre les abris improvisés. Une vague torpeur hante l'esprit du soldat.

Le 11 février, M. Mondelli se décide à partir. Le nord de la France étant occupé, il doit renoncer à voyager par le Luxembourg et la Belgique.

Muni d'un bon guide, il se dirige vers Wissembourg, à travers des chemins que l'ennemi surveille étroitement ; il parvient à Bordeaux le 17 au matin.

L'intrépide capitaine ne tarde pas à s'apercevoir que, pour un homme de sa trempe, il est plus facile de jouer le rôle d'assiégé dans Bitche que celui d'assiégeant autour du gouvernement. Les séances de l'Assemblée sont laborieuses, on reconstitue un ministère; MM. Thiers et Jules Favre sont à la veille de regagner la capitale. Mondelli est reçu par le général Leflô, qui le renvoie à son aide-de-camp, le colonel Barry, qui le renvoie au général Suzanne, ministre par intérim à Paris. L'émissaire quitte Bordeaux pour Paris. Il y arrive le 22 février, et il expédie au colonel Teyssier cette importante lettre, que lui a remise, pour le commandant de Bitche, le ministre de la guerre :

Bordeaux, le 19 février 1871.

Mon cher colonel, M. le capitaine Mondelli m'a rendu compte de votre situation si digne d'intérêt de toute façon.

Par une omission que je regrette profondément, M. Jules Favre, notre négociateur avec l'état-major allemand, n'a pas mentionné votre place de Bitche, que vous avez défendu pourtant avec assez d'honneur pour qu'on ne l'oubliât pas dans la convention.

J'ai écrit aujourd'hui même à M. Thiers, qui sera à Versailles après-demain, pour qu'il soit stipulé en faveur de Bitche, dans la première conférence, au moyen d'un codicille à ajouter à la convention du 1er février.

Vous vous trouverez ainsi compris régulièrement dans l'armistice.

Je dis régulièrement ; car, en principe, il ne saurait être douteux que le bénéfice de cet armistice ne s'étendît à votre place comme à celles de Besançon et d'Auxonne. Quoi qu'il en soit, je vous autorise, dès à présent, à accepter la suspension d'armes qui vous a été offerte par le commandant des troupes prussiennes que vous avez devant vous. Vous devriez éviter tout renouvellement d'hostilités qui ne pourraient entraîner, pour votre brave garnison, qu'une continuation de sacrifices désormais inutiles, en raison de votre situation complètement isolée.

Si la paix se conclut, j'espère que vous n'aurez pas à abandonner une place qui restera française, et si, par un malheur que je ne veux pas admettre, il en était autrement, vous recevriez, en temps opportun, les ordres et les instructions nécessaires.

Recevez, en attendant, toutes mes félicitations sur l'énergique résistance que vous avez opposée à l'ennemi; félicitez votre brave garnison, etc., etc.

Le ministre de la guerre,

Signé : Général LE FLÔ.

A Paris, l'envoyé erre à travers les ministères. Le général Suzanne lui demande un rapport. Un rapport en un pareil moment! Le chef de cabinet du ministre par intérim, M. de Clermont-Tonnerre, expédie à Bitche, par la voie allemande, des dépêches recommandant une suspension immédiate des hostilités ; il promet que des instructions précises suivront de près.

Il avait d'abord écrit au capitaine Mondelli :

Paris, le 24 février 1871.

Mon cher camarade,

Il n'y a rien encore de décidé relativement à la place de Bitche... Si demain j'avais quelque chose à vous dire, je m'empresserais de vous le faire savoir. Dans tous les cas, je suis tout à votre disposition quand vous voudrez bien prendre la peine de passer à mon cabinet.

Le colonel chef du cabinet,

Comte CLERMONT-TONNERRE.

Une semaine plus tard, le chef de cabinet transmet au capitaine le sauf-conduit que les Prussiens se sont enfin décidés à délivrer:

1er mars 1871.

Mon cher camarade,

Je vous adresse, exclusivement pour n'en pas conserver le dépôt, le laisser-passer que les autorités allemandes me font à l'instant parvenir.

J'espère vous rendre, demain ou après-demain, votre liberté.

Veuillez recevoir, mon cher camarade, etc.

Le colonel chef du cabinet,

Comte DE CLERMONT-TONNERRE.

Cependant, la paix est signée et une solution continue à se faire attendre. — L'officier est témoin d'un échange de lettres entre Paris et Bordeaux pour le règlement de cet étrange litige. Les pourparlers restent sans résultat.

Le 4 mars, impatienté de tant d'inexplicables délais, inquiet de l'impression que sa trop longue absence court le risque de produire, Mondelli reprend tristement le chemin du bercail. Durant les dernières journées écoulées, les élections ont eu lieu selon les prescriptions de la loi.

Cette fois, en vertu du sauf-conduit dont il est porteur, l'envoyé a pu effectuer son trajet par les voies les plus rapides.

Le 7 mars, un ordre du commandant de Bitche expose la situation :

ORDRE DE LA PLACE

M. le capitaine Mondelli, envoyé en mission auprès du gouvernement français est de retour.

Cet officier a rempli sa mission avec le plus grand dévouement.

Il n'a pu attendre les instructions qui vont nous être envoyées pour l'évacuation de la place, mais il a rapporté des lettres du ministre, par lesquelles Son Excellence me charge d'adresser en son nom des félicitations à la garnison sur son courage, sa patience et son dévouement.

Le ministre de la guerre demande également, avec un rapport sur les opérations du siège, l'état des récompenses accordées et celui de nouvelles propositions pour de nouvelles récompenses.

Les préliminaires de paix étant approuvés par l'Assemblée nationale, et le territoire que nous occupons devant être cédé, l'évacuation de la place est prochaine et inévitable.

Bientôt nous nous retrouverons au milieu de nos frères d'armes de l'intérieur, et nous pourrons nous montrer fiers, malgré les malheurs qui accablent notre patrie, d'avoir tenu bon jusqu'à la fin de la guerre, sans nous laisser aller au découragement en voyant tant de places tomber l'une après l'autre au pouvoir de l'ennemi, malgré une résistance souvent héroïque.

Les travaux de défense proprement dits cesseront dès aujourd'hui et il ne sera plus commandé que les travailleurs nécessaires pour les travaux d'urgence et d'entretien.

A dater d'aujourd'hui, 7 mars, la ration de riz sera portée de 40 à 60 gr. ; la ration de foin sera portée à 2 kilog

Le commandant de la place,

TEYSSIER.

En conséquence, on se prépare à l'évacuation.

Dans la soirée du 9, un parlementaire se présente, porteur d'un télégramme en langue allemande qui est aussitôt traduit :

Au colonel Kollermann.

Colonel,

Comme Bitche, d'après l'article 1er du traité de paix, est cédé à l'Allemagne, le commandant de place, *sur l'ordre du comte de Moltke*, doit être *sommé* immédiatement de l'évacuer et d'abandonner avec ses troupes le territoire allemand, *par le chemin le plus court*. Les gros bagages peuvent être expédiés plus tard. La terminaison ne peut être différée par le commandant *faute de wagons*.

Strasbourg, 9 mars 1871.

Signé : Comte DE BISMARCK-BOEHLEM.

A cet ultimatum, le commandant de la place répond :

Bitche, 10 mars 1871.

A Monsieur le colonel Kollermann.

Monsieur le colonel,

Je n'ai pas encore eu connaissance, d'une manière officielle, du traité de paix ; je sais néanmoins qu'il existe un traité. Il est de droit international que le commandant d'une place ne l'évacue point, — même par cession de territoire, — sans une notification de son gouvernement.

L'officier que j'avais envoyé à Paris est de retour depuis plusieurs jours et il m'a rapporté l'assurance, de la part du ministre de la guerre par intérim, qu'un officier me serait envoyé porteur d'instructions écrites, dès que les conditions d'évacuation seraient arrêtées entre les deux gouvernements. J'attends, d'un instant à l'autre, l'arrivée de cet officier, ou out au moins des instructions écrites.

N'ayant point de télégraphe à ma disposition, je vous serai fort obligé de faire parvenir deux copies de la dépêche ci-jointe, l'une à M. le ministre de la guerre, à Bordeaux; l'autre à M. le ministre de la guerre par intérim, à Paris :

« Monsieur le ministre, je reçois avis de sommation d'avoir à évacuer immédiatement la place et de quitter le territoire allemand par le chemin le plus court. J'attends un officier venant de votre part ou des instructions écrites sur ce que je dois faire du matériel, des vivres, des munitions et de l'armement Sur quel point de la France nous dirigerons-nous? Que faire des douaniers ? »

» *Le Commandant de la place,*

» TEYSSIER. »

Il était impossible de mieux concilier les devoirs du patriote avec les obligations du soldat.

Afin de ne perdre point de temps au moment où viendront les ordres attendus, on démonte les pièces de 24 et de 12, on les transporte à la gare; dans l'esprit du conseil de défense, ce matériel conservé à la France au prix de si lourds sacrifices doit rester la propriété du pays. Le 12, un officier ennemi apporte la dépêche suivante, signée du ministre des affaires étrangères :

Je m'étonne que vous n'ayez reçu ni officier, ni ordre de M. le ministre de la guerre. Je l'ai prévenu depuis plusieurs jours. Vous devez sortir avec les honneurs de la guerre, vos armes, vos drapeaux, vos archives, et regagner les premiers postes français par la voie la plus courte. Ceci est entendu avec l'autorité allemande.

JULES FAVRE.

Le commandant de place ne saurait se tenir pour satisfait ; il écrit au chef des troupes d'investissement :

Bitche, 13 mars

Monsieur le colonel,

J'ai reçu hier au soir la dépêche de M. Jules Favre que vous m'avez fait l'honneur de me transmettre. L'avis contenu dans cette dépêche me donne l'espoir que je recevrai très prochainement l'officier envoyé par M. le ministre de la guerre avec un ordre écrit, mesures sans lesquelles je ne puis quitter le poste que j'occupe. Le ministre de la guerre peut seul donner les ordres nécessaires pour que l'évacuation de la place se fasse dans les conditions convenues entre les deux gouvernements,

Si, comme je n'en doute pas, vous avez eu la complaisance de faire parvenir mes deux dépêches télégraphiques du 10 courant, un officier doit être en route en ce moment, ou tout au moins une dépêche écrite authentique. Je prends toutes les dispositions pour une prompte évacuation, aussitôt l'ordre reçu.

Le commandant de la place,

TEYSSIER.

La vérité est qu'un codicille spécial à Bitche a été signé à Ferrières le 11 mars; mais le pouvoir central a négligé l'envoi de ce document.

Son silence se prolonge.

Autant pour se procurer les sommes nécessitées par les frais de route que pour soustraire à l'ennemi la plus grande quantité possible des ressources de la place, le conseil de défense ordonne la vente aux enchères du vieux matériel, d'une partie des vivres, des débris de démolitions, d'armes hors de service. La plupart de ces épaves sont achetées, pour une centaine de mille francs, par l'usine métallurgique de Niederbronn. Les Bavarois en permettent l'enlèvement sous la réserve expresse de reprendre tous leurs droits en cas de contestations ultérieures avec l'autorité supérieure française.

Mettant à profit la circonstance, nos soldats bouleversent les travaux qu'ils ont édifiés de leurs mains; ils arrachent de leurs gonds les portes, les fenêtres; ils achèvent de détruire les édifices restés debout au fort, enlèvent jusqu'aux palissades des avancées, jusqu'aux grilles en fer qui bordent les ponts-levis.

Une émotion triste et douce à la fois remplit la journée du 15 mars. Les troupes sont convoquées dans le camp retranché pour recevoir, des délégues

12.

de Bitche, un drapeau offert par les habitants. Cette solennité est l'occasion des démonstrations les plus touchantes.

« Ce drapeau, dit le colonel Teyssier dans un éloquent ordre du jour, sera présenté au chef de l'Etat ; j'en demanderai le dépôt au musée d'artillerie jusqu'à l'époque où il pourra être rapporté ici par une armée française valeureuse et triomphante. »

Quelques heures plus tard, une députation des dames de Niederbronn apporte au commandant de la place un bouquet et une couronne de lauriers, témoignages de reconnaissance, souvenirs d'efforts valeureux.

Certains d'entrer bientôt dans la forteresse, les Allemands permettent aux populations environnantes d'en visiter les ruines; nos chefs, toujours vigilants, se montrent fermement résolus à ne se retirer que sur des instructions en règle. Ces instructions n'arrivant pas, les soldats commencent à murmurer, des symptômes de découragement se manifestent. Une fois encore, Mondelli se dévoue.

Muni de son sauf-conduit périmé, le capitaine quitte Bitche le 18 mars. Il est à Paris le 19. Il cherche le gouvernement. Il n'y a plus de gouvernement : le comité central est le seul maître. Le nouveau débarqué vole au ministère : le ministère est occupé par la garde nationale. Un fédéré obligeant indique à M. Mondelli la nouvelle adresse du pouvoir régulier. L'officier se transporte à Versailles aussitôt.

X

Troisième sommation. — Branle-bas de combat. — Négociations. — Rupture et reprise des pourparlers. — Le dernier ordre de la place. — Convoi du 27 mars. — Les adieux. — Évacuation. — Les martyrs du devoir. — Conflit entre vainqueurs. — Catastrophe du Bahn-Stein. — Le passé et l'avenir.

A Bitche, pendant ce temps, la situation s'aggrave dans des proportions inquiétantes. Pour la troisième fois, la garnison est sommée d'avoir à évacuer dans les quinze heures, sous peine d'être considérée « comme usurpatrice du territoire allemand », et de subir tous les risques qui s'attachent aux belligérants.

Le 22 mars, un mouvement des troupes germaniques resserre le blocus. De Strasbourg et de Haguenau, l'adversaire attend des pièces de gros calibre. La citadelle n'a-t-elle donc aussi opiniâtrement résisté que pour plier devant une menace? Non. Les soldats courent s'atteler aux pièces qu'ils ont descendues dans la ville; tout se prépare pour affronter un quatrième bombardement.

Il ne faut pas moins que les accablantes nouvelles transmises du dehors par des intermédiaires sûrs, pour déterminer le commandant de place à entrer dans la voie des transactions. Le déchaînement de l'insurrection parisienne peut devenir, de la part des Prussiens, un prétexte de rupture. Qui sait si leurs injonctions ne traduisent pas le secret désir de rouvrir les hostilités? Le conseil de défense envisage froidement la situation; il émet l'avis qu'une conventin doit être conclue. Cette résolution est portée à la connaissance du quartier général allemand.

C'est la première, l'unique occasion où les défenseurs de Bitche aient fait intervenir dans leurs décisions une considération politique. Encore, cette considération se rattache-t-elle étroitement à la question militaire, puisqu'elle repose sur la fourberie présumée de l'ennemi.

Une entrevue a lieu le 22, pour les négociations, sous les glacis du fort, en avant de la porte de Strasbourg. L'entretien n'aboutit pas. Un deuxième rendez-vous est pris pour le 23. La place ne saurait être évacuée, déclare le négociateur envoyé par le colonel Kollermann, sans que les soldats laissent leurs armes. En outre, le commandant de la citadelle devra se mettre, à Lemberg, à la disposition du commandant des forces bavaroises.

De telles conditions vont entraîner la rupture des pourparlers. Le colonel Kollermaun entre dans la salle des conférences.

— Je n'ignore pas, entre nous, que la paix est conclue, lui dit le lieutenant-colonel Teyssier; mes rapports avec l'extérieur, la liberté des allées et venues autour de la place, la facilité accordée pour les élections, la réception régulière des journaux me sont autant de garants du fait accompli. Mais le règlement est là : un soldat ne connaît que le règlement.

— En ce cas, tant pis! réplique Kollermann, j'ai reçu des ordres.

Et le chef allemand tend une dépêche qui renferme, en effet, les plus rigoureuses injonctions.

Les termes de la convention sont longuement discutés. Les nôtres s'élèvent avec âpreté contre les prétentions de l'ennemi. Ces revendications obtiennent gain de cause : les troupes emporteront leurs canons de campagne, leurs armes ; elles sortiront enseignes déployées; l'évacuation s'accomplira en trois convois fournis par l'autorité allemande; les bataillons bavarois n'entreront dans la place qu'après que les forces françaises en seront sorties; les soldats français n'auront pas à défiler devant les soldats allemands; les premiers sortiront par la porte de Strasbourg, les seconds entreront par la porte de Phalsbourg.

Il n'y aura pas d'honneurs de la guerre, puisqu'il n'y a pas de capitulation.

Le commandant de la place consent pour lui à une clause qu'il n'eût acceptée pour nul autre : ne quitter Bitche qu'après le règlement définitif des affaires en suspens. C'est une garantie à laquelle tiennent nos vainqueurs. Apparemment, considèrent-ils le colonel Teyssier comme capable de faire sauter le fort, une fois les Français partis. Ils n'ont pas oublié Laon.

Dans la soirée un ordre est publié, — le dernier, hélas !

ORDRE DE LA PLACE

Officiers, sous-officiers et soldats de la garnison de Bitche,

Depuis l'adoption des préliminaires de paix par l'Assemblée nationale, nous savions que nous étions appelés à quitter Bitche d'un instant à l'autre, n'attendant pour partir qu'un ordre officiel qui n'est point encore arrivé, malgré le zèle et le dévouement infatigables de M. le capitaine Mondelli, qui s'est remis en route pour la quatrième fois.

Après plusieurs sommations, l'armée allemande, qui tient absolument à occuper Bitche, a fait une démonstration significative en investissant la place de nouveau et en la menaçant d'un quatrième bombardement.

La reprise des hostilités était imminente et il n'était point possible d'en calculer les suites et la portée, non pour nous dont le rôle resterait le même, mais pour la France.

Faisant taire des répugnances personnelles et fortifié par l'avis unanime du conseil de défense, le commandant de la place a consenti— non sans peine,— à une convention d'évacuation d'après laquelle les troupes commenceront à quitter Bitche demain, pour être reconduites dans l'intérieur de la France.

Le commandant de la place restera à Bitche jusqu'au règlement définitif des affaires de la place ; mais avant votre départ, il veut vous laisser un nouveau témoignage de sa reconnaissance pour le coneours que chacun de vous a apporté à l'œuvre commune de la défense de la place. Il remercie en particulier les membres du conseil de défense, dont les avis éclairés et unanimes l'ont aidé à supporter le poids de la responsabilité dans les circonstances difficiles.

Les chefs de corps et de service ont tous rivalisé de zèle et d'intelligence pour assurer à leurs subordonnés, ainsi qu'à leurs administrés, tout le bien-être et tout le confortable compatibles avec les difficultés de la situation.

Tous les corps, toutes les armes ont si bien concouru au même but, que je ne saurais leur adresser des éloges en particulier.

Un peu plus tard, chacun de nous sera fier de pouvoir dire : « J'étais de la garnison de Bitche ! » Le drapeau qui nous a été donné comme gage de reconnaissance par les habitants de Bitche résume cette pensée, et je voudrais que chaque corps pût le porter à son tour.

La garnison partant en chemin de fer en plusieurs convois, ce drapeau sera porté au 54e de marche, qui est le corps le plus nombreux et composé des éléments les plus divers.

Braves camarades, je vous serre la main à tous, et je vous dis : Au revoir !

Bitche, le 23 mars 1871.

Le commandant de la place

TEYSSIER.

Le 25, M. Mondelli, de retour de Versailles, se croise avec les premières troupes évacuant la ville. Il est porteur d'instructions détaillées qui visent les armes, les bagages, mais point l'artillerie. On s'en tient donc aux conditions obtenues, incontestablement plus favorables.

Tout est fini, cette fois... Le 27 mars, à midi, pendant qu'un dernier convoi d'évacuation emporte les canons et ce qui reste de troupes françaises, les Bavarois pénètrent dans la cité, dont les ruines noircies symbolisent le deuil. Quels adieux, à chaque départ, entre nos soldats et les habitants de la ville! Les mains se rencontrent dans de muettes étreintes ; les regards enfiévrés s'obscurcissent de pleurs : Revenez, semblent-ils dire, revenez bientôt ; la douleur nous tuera, si vous retardez trop le jour de la délivrance !

Comme le capitaine d'un navire en détresse, le commandant de la place quittera le dernier son bord. Quelque cruelle que soit sa situation, fidèle jusqu'au bout au devoir et à l'honneur, il attendra qu'il plaise à l'autorité allemande de déclarer les affaires « réglées ». Il est traité, ajoutons-le, avec tout le respect que méritent sa loyauté, sa bravoure. Le 31 mars, on lui délivre un sauf-conduit. Deux sous-officiers, le tambour-major Vincent, du 49e de ligne, le sergent Richard, du 68e de ligne, resteront chargés de la conservation et de l'expédition des colis laissés par le 5e corps.

Faute de vêtements décents, le lieutenant-colonel Teyssier est forcé de retarder de quarante-huit heures son départ. En accourant à Bitche, au début des hostilités, il avait dû abandonner ses malles à Thionville. Les huit mois qui venaient de s'écouler, il les avait passés, sans désemparer, vêtu du même costume. Pendant le même temps, ce modeste héros avait occupé, pour toute habitation, une cave de l'arsenal, dans laquelle il avait déposé ses archives. Après l'incendie de l'arsenal, les pluies, la fonte des neiges avaient inondé le sous sol : tous ceux qui visitèrent dans son triste réduit le commandant de la place ont conservé de ce séjour une profonde impression.

Du reste, les bagages du lieutenant-colonel Teyssier n'ont jamais été retrouvés. Expédiés de Thionville le 5 août, ils avaient fait partie d'un convoi pillé par les Prussiens aux environs de Metz. Ses effets personnels, ses papiers, sa bibliothèque, une collection de médailles qu'il avait travaillé vingt ans à réunir, tout avait disparu.

Le 3 avril, le vaillant officier fait route pour Versailles, où l'a précédé le 54ᵉ de marche. Le voyage du régiment de Bitche a été une longue ovation. En Lorraine, en Alsace, sur tout le parcours, les populations se sont précipitées à la rencontre de cette poignée de braves, aux cris de : *Vive la France! Vive la République!* A Haguenau, à Bischwiller, les manifestations ont tenu du délire. A Saverne, au milieu de la nuit, les dames de la ville ont pavoisé de fleurs nos canons. A Epinal, l'enthousiasme n'a pas été moindre, malgré l'intervention des baïonnettes prussiennes. A Nevers, dans une chaleureuse allocution : « Au nom de l'armée et de la France, a dit le général commandant la subdivision, je vais demander à l'Assemblée qu'une médaille commémorative soit frappée en l'honneur des défenseurs de Bitche » Sans la guerre civile qui déchire Paris, quelles émotions n'accueilleraient pas la courageuse garnison rentrant avec son drapeau, avec ses armes, avec ses canons! Quel adoucissement aux rigueurs qui, partout, ont accablé nos armées moins heureuses, — non moins vaillantes!

Mais la terrible collision absorbe l'attention du

pays. La résistance de Bitche passe à peu près inaperçue dans les départements. Il n'en a pas été de même en Alsace, où, à l'appel d'un comité auquel appartenait M. Diehl dont nous avons eu ailleurs l'occasion de mentionner le nom, une souscription volontaire avait produit tout près de 200,000 francs. La conclusion de la paix rendait inutile ce sacrifice que s'imposait l'Alsace envahie par la Prusse et ruinée par la guerre.

A Versailles, le lieutenant-colonel Teyssier est reçu par le chef du pouvoir exécutif et par les ministres. M. Thiers le félicite de sa bonne conduite. Le ministre de la guerre lui annonce sa nomination au grade de colonel.

Pendant ce temps, notre frontière de l'Est était le théâtre d'un incident qui forme l'épilogue naturel du récit que l'on vient de lire.

Dans l'armée allemande, l'occupation de Bitche avait donné naissance à un conflit. Les Prussiens avaient prétendu prendre possession de la place; les Bavarois n'avaient obtenu qu'à grand' peine d'y résider, les premiers, pendant quelques jours.

L'arrivée des Bavarois s'était effectuée sans apparat ; les Prussiens exigèrent une entrée triomphale : leur détachement fut pourvu d'un corps de musique. Cette troupe, voyageant en chemin de fer et en un seul convoi, avait roulé vers Bitche par la vallée de Niederbronn. Arrivé au Bhan-Stein, le train patine obstinément au pied d'une rampe qu'il ne peut gravir. Les Allemands ont alors l'idée d'employer, pour ébranler cette masse, trois locomotives: deux en tête et une en queue. Fatale inspiration ! La machine de l'arrière pousse les wagons les uns sur les autres. Il en résulte un effroyable désastre. Quatre voitures du convoi sont écrasées : celles, précisément, qui transportent les musiciens !

Depuis de longues heures, l'autorité militaire de Bitche attendait, lorsque le bruit se répandit qu'un déraillement s'était produit, dû à la malveillance des habitants de la vallée.

M. Lamberton, l'ancien président de la commission municipale, se rendit au Bhan-Stein. Il importait que la vérité fût éclaircie. Elle était cruelle pour les Prussiens : ils avaient vingt-trois morts et un nombre considérable de blessés.

Aussi, leur entrée dans la place fut-elle lugubre. Au lieu d'une fête, un deuil. Les camarades des victimes montraient le poing à la forteresse; ils maudissaient les chefs à l'esprit desquels était venue la pensée de leur préparer un triomphe qu'ils n'avaient pas mérité.

Quel sera le lendemain de ce triomphe ? Les événements futurs répondront. En attendant qu'ils livrent leurs secrets, le siège de Bitche n'était-il pas digne d'un souvenir, tout modeste qu'il soit ?

Les grands exemples fortifient, encouragent, relèvent une nation. Bitche est un grand exemple. La France ne saurait l'oublier. Sur cette page sans tache, restent inscrits des noms dont notre pays gardera l'éternelle mémoire.

N'ambitionnant d'autre rôle que celui de narrateur fidèle, nous nous sommes renfermé dans un exposé exact des faits. Nous leur avons laissé leur éloquence. Elle parle assez ferme et assez haut pour que le passé soit la leçon de l'avenir.

FIN

TABLE DES MATIÈRES

Pages

CHAPITRE Ier. — La vallée d'Alsace. — Bitche dépendance du duché de Lorraine. — Autrefois et aujourd'hui. — La Cense aux Loups et la Ferme du Hasard. — De la déclaration de guerre (15 juillet 1870) à la levée du camp du 5e corps. — Le Commandant de place Teyssier. — Premières heures. — Provisions et armements. 13

CHAPITRE II. — Les éclaireurs du 7 août. — Reconnaissances ennemies. — Conseil de défense. — Canonnade. — Les ripostes du château. — Prisonniers Allemands. — Nos piétons. — Ordre de la place. — Leurs parlementaires. — Lettre du commandant en chef bavarois. — Propositions repoussées 24

CHAPITRE III. — Deuxième canonnade. — Ironie du destin. — Nouvelles ouvertures du colonel Kollermann. — Préparatifs de résistance. — Les hauteurs. — Où est l'ennemi ? — Les sorties du 1er et du 3 septembre. — Soupçons d'espionnage. — Un souvenir de 1793. — Traître puni. — Mystère dévoilé. 35

Pages

CHAPITRE IV. — Troisième canonnade. — Le bombardement. — Nos artilleurs. — Le capitaine Jouart, le commandant Bousquet et le capitaine Guéry. — Le feu au fort. — Poudrières. — L'incendie de la cité. — Départ des impotents. — Du 11 au 20 septembre. — La fournaise. — Commission municipale. — M. Lamberton. — La population et l'armée. — Traits de bravoure. — Le fond du sac 52

CHAPITRE V. — Dix mille assiégeants et vingt mille obus. — Après dix journées. — Offres et demandes. — Les privations. — Audace campagnarde. — — L'homme au sel. — Entreprise de ravitaillement. Un complot heureux. — La franc-maçonnerie du patriotisme. — Patrouilles déçues. — La porte de Phalsbourg 67

CHAPITRE VI. — Octobre. — Petites expéditions. — Avantages et inconvénients. — La défensive. — Le Hohekopf. — Sinistres rumeurs. — Autre parlementaire. — Aubaines — Les roueries de la poste aux lettres. — Nos envoyés secrets — Une folle. — Faux cuirassier. — Exécution. 87

CHAPITRE VII. — Continuation du blocus. — La période d'observation. — Quartiers d'hiver. — Le capitaine Morlet et son détachement. — Tristes nouvelles du dehors. — Situation critique. — Plus d'argent ! — Le lieutenant Mondelli. — Un montagnard des Vosges. — Mission verbale. — Sottise tudesque. — Entre Bitche et Tours. — Les pérégrinations du comte de Drée. — Le rapport de l'émissaire. 91

CHAPITRE VIII. — Le 54ᵉ régiment de marche. — Cartouchières, ceinturons et képis. — Un air de Béranger. — Ceux qui s'en vont. — La garnison de Bitche à la fin de novembre. — Un trésor. — La solde des douaniers. — Décembre 1870 et janvier 1871. — Journaux en fraude. — Accablement . . . 115

Pages

CHAPITRE IX. — L'alerte du 1er février. — Une dépêche de l'ennemi annonce l'armistice. — Omission. — Respect à la loi. — Froids rigoureux. — Voyage à Paris. — Une lettre du ministre de la guerre. — Sauf-conduit. — Correspondance inutile. — Le post-scriptum de Ferrières. — Journée du 15 mars. — L'honneur du drapeau. 124

CHAPITRE X. — Troisième sommation. — Branle-bas de combat. — Négociations. — Rupture et reprise des pourparlers. — Le dernier ordre de la place. — Convoi du 27 mars. — Les adieux. — Évacuation. — Les martyrs du devoir. — Conflit entre vainqueurs. — Catastrophe du Bahn-Stein. — Le passé et l'avenir. 146

FIN DE LA TABLE DES MATIÈRES

Paris. Imp. P. DUBREUIL, rue des Martyrs, 18 et 18 bis.

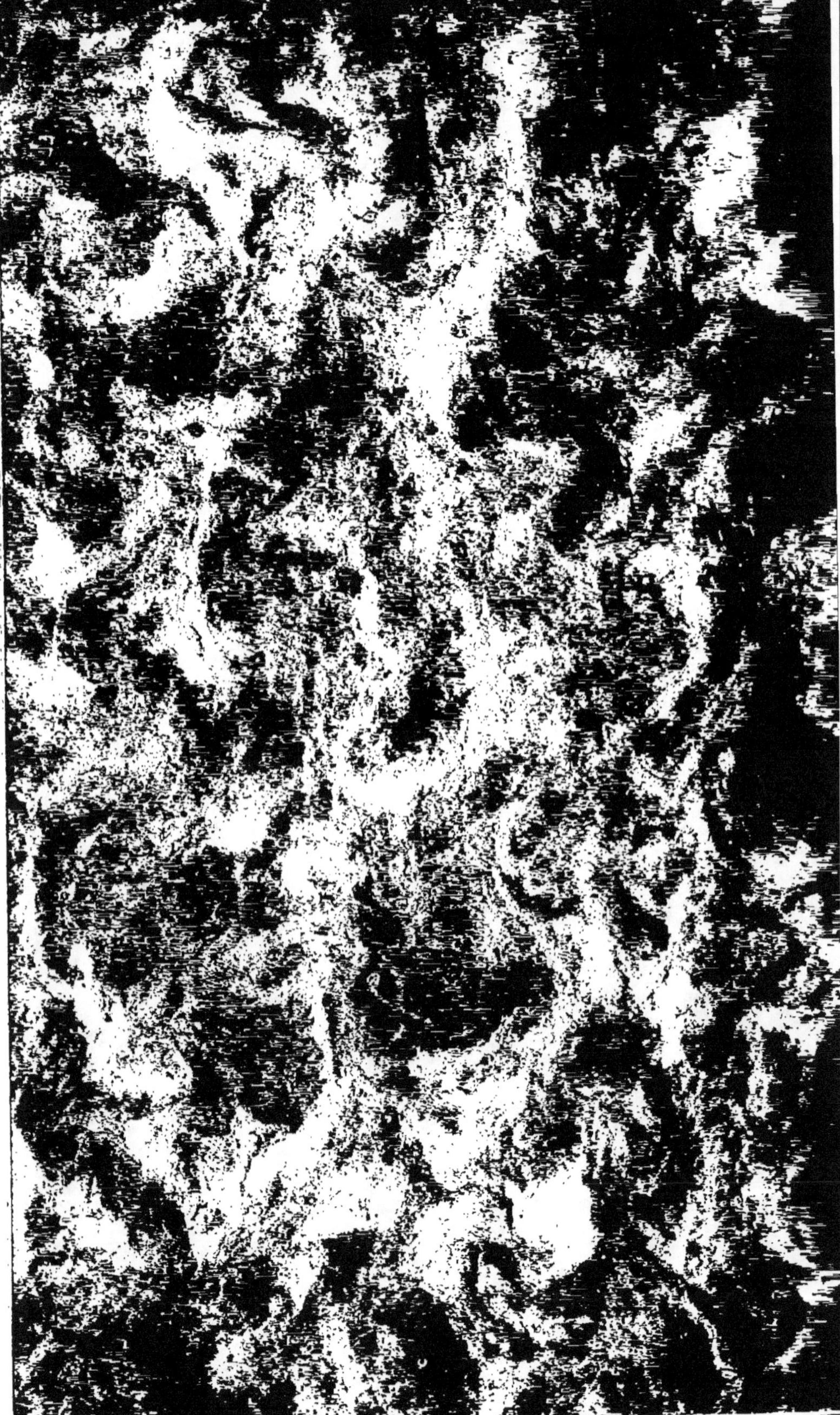

BIBLIOTHEQUE NATIONALE DE FRANCE
3 7531 04324719 7

www.ingramcontent.com/pod-product-compliance
Lightning Source LLC
LaVergne TN
LVHW010606110826
845149LV00003B/792

9782019494346